CARLO MARIA MARTINI
SPUREN DES HEILIGEN GEISTES

Carlo Maria Martini

Spuren des Heiligen Geistes

Beobachtungen und Anstöße

VERLAG NEUE STADT
MÜNCHEN · ZÜRICH · WIEN

Ein Buch aus der Reihe:
Hilfen zum christlichen Leben

Titel der Originalausgaben: *Tre racconti dello Spirito*
sowie *Lo Spirito Santo in famiglia*

Übersetzung aus dem Italienischen:
Stefan Liesenfeld

Die Deutsche Bibliothek – CIP-Einheitsaufnahme

Martini, Carlo Maria:
Spuren des Heiligen Geistes : Beobachtungen und Anstöße /
Carlo Maria Martini.
[Übers. aus dem Ital.: Stefan Liesenfeld].
– 1. Aufl. – München ; Zürich ; Wien: Verl. Neue Stadt, 1998
(Hilfen zum christlichen Leben)
Orig.-Ausg. gesondert u.d.T.: Tre racconti dello spirito
und: Lo spirito santo in famiglia
ISBN 3-87996-385-1

1998, 1. Auflage

Umschlaggestaltung und Satz: Neue-Stadt-Graphik
Druck: MZ-Verlagsdruckerei GmbH, Memmingen
ISBN 3-87996-385-1

Spuren des Heiligen Geistes

Vorwort

An das genaue Datum erinnere ich mich nicht mehr; es war irgendwann im Juli 1970. Ich war dreiundvierzig. An der Universität von San Francisco hatte ich eine Vorlesungsreihe über die Apostelgeschichte zu halten. Während der Veranstaltungen und im Kontakt mit den Studenten kam mir eine Frage, die mich mehr und mehr beschäftigte: Ob es wohl heute in der Kirche ähnliche Gruppen gibt wie die Gemeinde, von der die Apostelgeschichte erzählt? Wo findet man heute eine solche Freude, eine derartige Begeisterung im Gebet, ein so machtvolles Zeugnis? Noch nach zweitausend Jahren ist es faszinierend zu lesen, was in der Apostelgeschichte über die Urgemeinde gesagt wird. Und wo gibt es heute noch Versammlungen wie die, von denen Paulus berichtet? Wo passiert es, daß ein Fremder dazustößt, sich gleich verstanden und so hineingenommen fühlt, daß er spontan ausruft: „Wahrhaftig, Gott ist bei euch!“ (1 Kor 14,25)?

Eines Abends besuchte ich einen Kreis von Leuten, die sagten, ihre Gruppe sei aufgrund einer besonderen Geisterfahrung entstanden. Sie wollten in der Kirche unserer Zeit wie die Urchristen leben. Was sie erzählten, war mir nicht ganz fremd, doch fiel es damals auf besonderen Boden: Schließlich war ich den ganzen Tag über mit der Apostelgeschichte beschäftigt. Unwillkürlich begann ich nach ähnlichen Erfahrungen in meinem eigenen Leben zu suchen ... Ich berührte eine verborgene Ader; die Fragen und die Suche, die damals angestoßen wurden, haben mich nicht mehr losgelassen. Eine Frucht davon sind diese Seiten.

Gibt es in unseren Tagen authentische Erfahrungen des Heiligen Geistes, die denen der ersten Christen ähnlich sind? Wo geschieht es, daß jemand, der aus einem säkularisierten Umfeld kommt, ausruft: „Ja, Gott ist wirklich unter euch!" Welche Voraussetzungen müssen erfüllt sein? Anders gewendet: Wie antwortet der Heilige Geist, von dem wir glauben, daß er nicht aufhört, in der Welt zu wirken, auf aktuelle Herausforderungen, etwa auf eine rein innerweltliche Denkweise, auf die religiöse Gleichgültigkeit, auf die Mentalität der Konsumgesellschaft? Wie antwortet er *konkret* darauf? Gibt es über geist-reiche Gedanken hinaus auch überzeugende Fakten, Begebenheiten, die frohe Botschaft sind? Was ich im folgenden ausführe, gründet auf einer tiefen Überzeugung, die ich früh gewonnen und im Laufe der Jahre bestätigt gefunden habe. Ich bin nun 70 und habe einen guten Teil dieses schnellebigen, von radikalen Wandlungen geprägten Jahrhunderts miterlebt. Wieviel ist geschehen zwischen dem Ausbruch des Ersten Weltkriegs und dem Fall der Mauer. Meine tiefe Überzeugung ist, daß auch heute der Heilige Geist am Werk ist – wie zur Zeit Jesu. Er kommt uns zuvor, er tut mehr als wir, und er macht es besser als wir. Uns steht es nicht an, ihn „säen“ oder „erwecken“ zu wollen. Unsere Aufgabe ist vielmehr, ihn zu erkennen, offen für ihn zu sein, ihm den Weg zu bereiten, ihm nachzukommen und hinterherzulaufen. Der Heilige Geist ist da, und auch angesichts unserer Zeit ist er nicht in Resignation verfallen. Ja, der Geist ist da – lächelnd, tanzend dringt er ein, er umhüllt und umfängt und kommt auch dorthin, wo wir es uns nie hätten vorstellen können. Auch in einer Epoche, deren größte Krise der Transzendenzverlust, das abhanden gekommene Gespür für Gott ist: Der Geist ist da und spielt mit, unsichtbar und oft im ganz kleinen. Und er wird sein Spiel gewinnen. Dessen bin ich sicher.

Zuerst möchte ich erzählen, wie diese Überzeugung meine Schritte gelenkt hat, insbesondere seit dem Zweiten Vatikanischen Konzil – meinen Weg als Bibelwissenschaftler und dann als Bischof von Mailand.

Im zweiten Teil will ich darüber nachdenken, was der Heilige Geist von sich und seinem Geheimnis erzählt, um – drittens – einige praktische Konsequenzen zu ziehen. Es geht mir darum, daß wir gemeinsam eine möglichst glaubwürdige Antwort auf eine drängende Frage an der Wende zum nächsten Jahrtausend suchen: Wie kann die moderne Welt, besonders die westliche Welt, ein neues Gespür für das Transzendente gewinnen? Wie können wir im Heiligen Geist das Geheimnis Jesu Christi zur Sprache bringen?

Auch auf die geistlichen Bewegungen werde ich eingehen, die ein Ort heutiger Erfahrung des Heiligen Geistes sind. In diesen wie in allen spirituellen Erfahrungen ist zu prüfen, wie dort das Geheimnis des lebendigen Gottes zum Tragen kommt und „greifbar" wird.

Auf vielfältige Weise ist der Heilige Geist am Werk; ein wenig von den mannigfaltigen Erfahrungen soll hier eingefangen werden: Formen und Wege seines Wirkens, die manchmal auch Wege der Läuterung sind. Der Heilige Geist will uns unruhig machen, uns trösten und für das heilige Geheimnis Gottes öffnen.

Carlo Maria Martini

Wo der Geist wirkt: Persönliche Erfahrungen und Beobachtungen

Mein eigener Weg

Wie viele andere in der Kirche verspürte ich in den 60er und 70er Jahren das Verlangen nach einer neuen Geisterfahrung. Wir erlebten, daß ein bisweilen falsch verstandenes „Aggiornamento", ein zu oberflächliches Bemühen, Kirche und kirchliches Leben auf die Höhe der Zeit zu bringen, zu einer Vertrocknung des geistlichen Lebens führen konnte. Zudem fühlten wir uns zum Zeugnis herausgefordert, daß die Seligpreisungen heute lebbar sind – auch inmitten einer Welt, die in vielen Aspekten der Frohen Botschaft zuwiderläuft. In der Phase nachkonziliärer Infragestellungen meinten einige, man müsse wieder lernen, zur eigenen Identität zu stehen und stolz zu sein, zur Kirche zu gehören.

Ich selbst hatte damals und all die Jahre hindurch viele Gelegenheiten (nicht nur die eingangs erwähnte!), diverse geistliche Erfahrungen aus der Nähe kennenzulernen: alte und neue, östliche und westliche. Einige der neuen Erfahrungen waren um charismatische Persönlichkeiten entstanden, durch die der Heilige Geist direkt zu den Kirchen zu sprechen schien. In den Begegnungen mit solchen Gruppen fand ich viel Gutes:

ein neues Gemeinschaftsbewußtsein, eine intensivere geistliche Erfahrung, eine Überwindung der Ängste und Sorgen angesichts einer vom Werteverfall bedrohten Welt.

Diese Begegnungen haben mein Leben bereichert; ich bereue es nicht, daß ich dort „auf die Suche" gegangen bin. Und ich hoffe, dabei ein wenig mehr gelernt zu haben, auf den Heiligen Geist zu hören, der mit immer neuer Phantasie und Kreativität am Werk ist. Ich möchte sogar sagen, daß diese Erfahrungen mir auch geholfen haben, einen tieferen inneren Zugang zu „institutionalisierten" (um ein Modewort von damals aufzugreifen) Orten der Präsenz des Heiligen Geistes zu finden: zur Heiligen Schrift als Wort Gottes, das im Glauben gelesen und im Gebet betrachtet werden will und nicht nur Gegenstand exegetischer Akribie (die freilich auch dazugehört!) ist; zum Wert der Sakramente, der Liturgie und der Zugehörigkeit zur kirchlichen Gemeinschaft und ihres karitativen Engagements.

Mit der Zeit ist mir zunehmend bewußt geworden, in welch überreichem Maße der Heilige Geist am Werk ist. Vor allem in meinem bischöflichen Dienst, den ich als besondere Gnade betrachte, habe ich erfahren, wieviel er ohne Lärm und Aufhebens in alltäglichen Situationen bewirkt. Ich wurde Zeuge zahlloser Lebenswege bekannter und unbekannter Menschen, von Erlebnissen und Begebenheiten, die keine Schlagzeilen machen.

Oft waren es zufällige Begegnungen, die mich tief beeindruckt haben und ahnen ließen, wieviel Gutes es im Verborgenen gibt: Wie kostbar ist der Beitrag so vieler alter und einsamer Menschen, der häufig übersehen wird. Wie viele Familien kümmern sich ohne Aufhebens in heroischer Liebe um ein behindertes Kind. Nie werde ich den Besuch eines jungen Mannes vergessen, der seit Jahren schwer krank war und kurz vor dem Tod stand; spontan dachte ich: Hier ist der auferstandene Herr zugegen! Es hat mich tief beeindruckt, welch offenes Herz so mancher Inhaftierte hat. Ebenso die Verfügbarkeit und die anspruchsvollen Sinnfragen zahlreicher junger Leute ... Voller Bewunderung bemerkte ich unter Jugendlichen ein wachsendes Bedürfnis nach Stille und Gebet, den Wunsch, das Leben der Armen zu teilen, den Hunger nach dem Wort Gottes.

Geprägt von solchen tiefen geistlichen Erfahrungen, ist mir aufgegangen, daß der Heilige Geist auch an Orten wirkt, die man als Orte der Ferne oder gar der Abwesenheit Gottes bezeichnen würde. Dieser Eindruck hat sich nach und nach erhärtet, nicht zuletzt in einer Reihe von Begegnungen und Veranstaltungen mit Nichtglaubenden, die Augenblicke authentischer Gnade waren.

Kurz, ich habe gemerkt, daß der Heilige Geist in zweifacher Weise zugegen ist:

– zum einen in der Gemeinschaft der Kirche, sei es in ihren „normalen" Lebensvollzügen und Handlungen, etwa in den liturgischen Feiern und der alltäglichen Seelsorge, sei es in den vielfältigen neuen Aufbrüchen (die geistlichen Bewegungen sind dafür ein augenfälliges, wenn auch nicht das einzige Zeichen);

– zum anderen auf der großen Bühne der Welt, und

zwar auch in Ereignissen und Situationen, die auf den ersten Blick wenig oder nichts mit Gott zu tun haben.

Zugleich aber ist mir etwas anderes aufgefallen: Es gibt beträchtliche Widerstände gegen das befreiende Handeln des Heiligen Geistes, der Beistand und Tröster ist. Diese Widerstände kommen von zwei Seiten.

Es bestehen Tendenzen, die eigene Gruppe und Bewegung oder die persönliche spirituelle Erfahrung zu verabsolutieren. Dies kann so weit führen, daß das ursprüngliche Charisma gewissermaßen verdinglicht und jemandem übergestülpt wird. Die freie, persönliche Reifung des einzelnen kann dadurch blockiert werden.

Andererseits gibt es die Tendenz, alles, was über das Bekannte und die eigenen Vorstellungen hinausgeht, abzutun und abzulehnen. Man glaubt den eigenen Weg und die Wege, die andere zu gehen haben, zu kennen, und ist überzeugt: So soll es bleiben. Man ist nicht offen für lebendige Erfahrungen des Geistes, die vorschnell als überflüssig oder gar als „Entfremdung" eingestuft werden. Dies geschieht besonders häufig, wenn der Glaube abnimmt oder das Streben nach materiellen Dingen die Oberhand gewinnt und dem Unsichtbaren den Rang streitig macht.

Die beiden Widerstände gegen den Geist äußern sich in zwei ernsten Versuchungen.

Im ersten Fall kann es vorkommen, daß in einer Gruppe oder Bewegung nicht die persönliche Erfahrung des Heiligen Geistes, sondern die Zugehörigkeit zur Gruppe das Wichtigste wird. Man neigt dazu, aus der charismatischen Führergestalt einen nicht hinterfragbaren Bezugspunkt zu machen. Subtile Prozesse drängen denjenigen, der sich um eine selbstkritische Überprüfung seiner eigenen Erfahrung müht, in die Rolle eines schuldig Gewordenen.

Im zweiten Fall besteht die Gefahr der Selbstgenügsamkeit. Anfänglich äußert sie sich in einem leeren, eintönigen religiösen und kirchlichen Leben. Äußerlich hält man zunächst noch an bestimmten Gewohnheiten und Bräuchen fest. Im Extremfall geht schließlich jeder Bezug zum Unsichtbaren, zur Transzendenz verloren. Man verschließt sich gegen jede Botschaft vom Heil, die Gott uns zukommen lassen möchte.

Beobachtungen im kirchlichen Umfeld

In meinem Dienst als Bischof von Mailand konnte ich meine Gedanken und Beobachtungen verifizieren und vertiefen.

In zahllosen persönlichen Begegnungen habe ich erlebt, daß es in unserer Kirche eine Fülle tiefer Erfahrungen des Heiligen Geistes gibt, und ich kann Gott dafür nur preisen.

Dabei denke ich vor allem an zahlreiche Beispiele aus der sogenannten ordentlichen Seelsorge. Diese steht – zumal bei denen, die ihren Weg in kleinen begeisterten Gruppen gefunden haben – im Ruf, „wenig charismatisch" zu sein. Und doch finde ich auch da viele echte geistliche Erfahrungen. Tag für Tag, Woche für Woche wird in unseren Pfarrgemeinden das Brot des Gotteswortes gereicht, wird das eucharistische Brot ausgeteilt. Viele einfache Leute finden hier Nahrung und Kraft, zu glauben und zu hoffen – selbst in Grenzsituationen des Lebens.

Ich denke an Gebetskreise und Jugendgruppen, an Katechesen für alle Altersgruppen, an die sozialen und karitativen Werke, an den Glauben derer, die ihr Leben und Leiden in aller Stille mit Christi Opfer vereint wissen.

Ich denke ferner an die geistliche und pastorale Vitalität in unseren Gemeinden; oft sind die Pfarrgemeinderäte und die Katholische Aktion ihre Kristallisations- und Bezugspunkte.

Ich denke an die Pastoralpläne der Pfarreien unseres Bistums, die im letzten Jahr von den Pfarrgemeinden neu verfaßt wurden, an ihre wertvollen Ausführungen zur Glaubenslehre, zur Liturgie und zum geistlichen Leben.

Ich denke an die großartigen Wege vieler Mädchen und Jungen, die ich auf der Suche nach ihrer Berufung habe begleiten können.

Ich denke an die Ordensgemeinschaften, die über die ganze Diözese verstreut sind und die in der Treue zu ihren Ordensregeln ein Zeugnis der Frohen Botschaft geben – nicht zuletzt durch ihr tägliches Gebet und ihren Dienst am Gottesvolk, besonders an den Kleinsten und Bedürftigsten.

Ich denke an die Nichtglaubenden, denen ich begegnet bin. Viele sind auf der Suche nach Gott und seinem Geheimnis; angestoßen wurden sie oft durch das schlichte, alltägliche Verhalten von Gläubigen.

Ich denke an all die Begegnungen und Veranstaltungen, auf denen einzelne oder Gruppen, die neuen oder alten Bewegungen verbunden sind, mir bezeugt haben, wieviel sie diesen Erfahrungen verdanken. Etliche Menschen haben dort ihre Berufung als Christen neu entdeckt, einige auch ihre priesterliche Berufung.

Ich denke an die Begeisterung und Frische, an die „erweckende" Kraft bestimmter Formen, zu Gott zu beten und von ihm zu sprechen, an das Zeugnis eines Lebens der Armut und der Gemeinschaft.

Als Bischof bin ich freilich auch auf die oben erwähnten Widerstände und die damit verbundenen Versuchungen gestoßen.

Ich habe mir ein Bild davon machen können, wie weit verbreitet der Eindruck ist, Gott habe einen im Leid und in den Prüfungen des Lebens verlassen.

Viele Menschen sind versucht, Gott außer acht zu lassen oder zu meinen, er spiele ohnehin keine Rolle mehr. Etliche denken und handeln offenbar, *etsi Deus non daretur*: „als ob es Gott nicht gäbe". Ich habe mich gefragt, wie man jemand in dieser Lage ansprechen, innerlich unruhig machen und zu einer inneren Offenheit führen kann, damit er das Antlitz des Herrn zu suchen beginnt.

Im kirchlichen Bereich, sei es in der üblichen Seelsorge wie in Bewegungen und Vereinigungen, die in den letzten Jahrzehnten entstanden sind, sind mir Tendenzen der Verknöcherung und Erstarrung aufgefallen. Eine weitere wichtige Beobachtung: Manchmal scheint sich eine Haltung einzuschleichen, die dazu führt, eine Art „Kirche in der Kirche" zu bilden, eine in sich geschlossene Gemeinschaft, die nicht mehr willens ist, auf allgemeine pastorale Empfehlungen einzugehen. Zum Teil fehlt es sogar an Gesprächsbereitschaft oder am Willen zur Zusammenarbeit mit anderen kirchlichen Gruppierungen. In dem Maße, wie eine Gemeinschaft streng, exklusiv und vereinnahmend ist, wächst offenbar der Zug zum Totalitarismus. Es besteht die Gefahr, daß die eigenen Mitglieder ihrer Freiheit beraubt werden. Umgekehrt riskieren besonders tolerante, verständnisvolle, offene Gruppen, sich aufzulösen oder in der Bedeutungslosigkeit zu versinken. Dennoch sind Offenheit und Toleranz unabdingbar: Wieviel Abgrenzung und Ausgrenzung gibt es, wo ein Monopol auf die persönliche geistliche Erfahrung oder die der eigenen Gruppe erhoben wird! Den Schaden trägt nicht nur die betreffende Gemeinschaft. Auch ihr Auftrag, Christus zu verkünden, leidet darunter: Nicht wenige Menschen, die allzu rigide Formen der Zugehörigkeit zu einer solchen Gruppe ablehnen, lehnen zugleich Jesus ab, der von diesen Gruppen verkündet wird.

Deshalb scheint es mir wichtig, unsere gesamte Ortskirche und alle Frauen und Männer guten Willens zu einer Gewissensforschung einzuladen. Meines Erachtens steht nicht wenig auf dem Spiel. Alles kleinliche Taktieren, jegliche Form von Machtinteressen sind fehl am Platz. Denn es geht um nicht weniger als um die Offenheit für jene unsichtbare Wirklichkeit, die Erfahrung der Transzendenz, die Begegnung mit dem Heiligen Geist, der Herr ist und Leben gibt. Er kann auch dort die immer neue Neuheit Gottes zum Zuge bringen, wo Menschen bedrückt und verschlossen, wo Gruppen abgeschottet sind und alles verknöchert erscheint.

Ich möchte im nächsten Kapitel einige theologische Aussagen über die Person des Heiligen Geistes und Kriterien für sein Wirken vorstellen – in der Hoffnung, daß etwas von dem sichtbar wird, was uns der Geist von sich selbst erzählt. Wenn wir die kirchliche Situation, wie ich sie kurz umrissen habe, in diesem Licht betrachten, werden wir verstehen, was wir zu tun haben. Um es vorab zu sagen: Wichtig ist, die anderen in ihrer Verschiedenheit zu achten und zugleich tiefe Bande der Gemeinschaft zu schaffen, zu erhalten oder zu erneuern. Ich möchte eine Hilfestellung geben, damit wir zwei Elemente ins rechte Gleichgewicht bringen:

– zum einen den Respekt vor dem je eigenen Weg eines jeden einzelnen; denn jeder hat ein Recht darauf, in aller Freiheit zu wachsen und zu reifen;
– zum andern die gemeinschaftliche Dimension, die Begeisterung, die aus dem Eingebundensein in die verschiedenen Gruppen und Gemeinschaften innerhalb der einen großen Gemeinschaft der Kirche erwächst.

Was uns der Geist von sich erzählt

Es ist nicht leicht, vom Heiligen Geist zu sprechen: Er ist unsichtbar und überall, er durchdringt alles und ist über allem. Alles Schöne, alles Positive, das in der Welt geschieht, ist sein Werk; alles, was in der Kirche an Heiligem und Wahrem gesagt und getan wird, kommt von ihm. Will man von ihm sprechen, ist es wohl das Beste, ihn selbst zu Wort kommen zu lassen, zu hören, was er uns von sich erzählt.

Die theologische Lehre hat versucht, seiner Erzählung zu lauschen. Dabei hat sie viele tiefe Wahrheiten entdeckt, die von seinem Leben als dritte göttliche Person zu sagen sind, von ihm, der mit dem Vater und dem Sohn angebetet und verherrlicht wird.

In aller Kürze möchte ich auf drei Punkte eingehen: Was ist und was tut der Heilige Geist für Jesus? Was ist und was tut der Heilige Geist für die Menschen? Was ist und was tut der Heilige Geist für die Welt?

Was der Geist *für Jesus* ist, leuchtet in den Worten auf, die Johannes der Täufer am Jordan vernahm: „Auf wen du den Geist herabkommen siehst und auf wem er bleibt, der ist es, der mit dem Heiligen Geist tauft" (Joh 1,33). Vom Heiligen Geist sprechen heißt von dem sprechen, auf den dieser Geist in Fülle herabgekommen ist, auf dem er bleibt, auf dem er ruht und bei dem er sich „heimisch" fühlt. „Der Geist des Herrn ruht auf mir" (Lk 4,18), sagt Jesus zu Beginn seines öffentlichen Wirkens. Der Heilige Geist hat sich selbst „auf bestmögliche Weise" im Leben Jesu ausgedrückt – in diesem Jesus, der der Sohn des Vaters ist („Du bist mein geliebter Sohn", Lk 3,22), das menschgewordene Wort (vgl. Joh 1,14). „Vom Heiligen Geist erfüllt", ruft Jesus „voll Freude aus: Ich preise dich, Vater ..." (Lk 10,21). Der Geist Jesu ist der Geist der Kindschaft.

Was der Heilige Geist *für den Menschen* ist, leuchtet auf, wenn wir erzählen, was er in jedem von uns wirkt, damit wir wie Jesus werden und leben wie er: als Töchter und Söhne, als Kinder Gottes. Er wirkt in den Menschen, damit sie „Kirche" werden, d. h. eins in Jesus, „Leib" Christi. Er macht uns Jesus gleichförmig, läßt uns mit ihm, dem Sohn, Töchter und Söhne des Vaters im Himmels werden und *Abba,* Vater, rufen: „Weil ihr aber Söhne seid, sandte Gott den Geist seines Sohnes in unser Herz, den Geist, der ruft: Abba, Vater" (Gal 4,6).

Was der Heilige Geist *für die Welt* tut, können wir dem Wort entnehmen, das der Herr zu Paulus sagt, als dieser sich in Korinth einsam und verlassen fühlte: „Viel Volk ... gehört mir in dieser Stadt" (Apg 18,10). Vom Geist sprechen, das heißt auch: entdecken und anerkennen, wie er im Herzen aller Menschen wirkt, in unseren Städten und Dörfern, in der Geschichte, in unserer Zeit. Er ist überall am Werk, um Menschen zu formen, die als einzelne und gemeinsam wie Jesus werden, die denken, handeln und leiden wie Jesus – als wahre Kinder Gottes, Menschen, die wie Jesus ihr Leben für ihre Schwestern und Brüder hingeben.

Der Heilige Geist und Jesus

Nach dem Zeugnis der Heiligen Schrift steht Jesus vom ersten Augenblick seiner irdischen Existenz an in Beziehung zum Heiligen Geist: „Der Heilige Geist wird über dich kommen" (Lk 1,35), wird seiner Mutter zugesagt (vgl. Mt 1,20: „Das Kind, das sie erwartet, ist vom Heiligen Geist"). Bei Jesu Taufe am Jordan wird der Heilige Geist erneut erwähnt (vgl. Mt 3,16); und auch in den Erzählungen von Jesu Machttaten ist von ihm die Rede. Doch in besonderer Weise offenbart er sich im Paschageheimnis: im Leiden, Sterben und in der Auferweckung Jesu.

In der „Stunde" der Auferweckung ist es der Geist, der dem am Karfreitag Verlassenen und Getöteten Leben schenkt. Er stellt ihn in eine Gemeinschaft mit Gott dem Vater, die nun auch all jene umgreift, mit denen sich der Gekreuzigte am Kreuz solidarisiert hat: alle Sünder, die ganze Menschheit. Der Geist der Heiligkeit wird ausgegossen auf den Sohn, der im Tod entschlafen und in die Unterwelt hinabgestiegen ist, er erweckt ihn (vgl. Röm 1,4) und führt zusammen mit ihm die Sünder, die Gottfernen hin zum Vater. Christus hat sie in seinem Tod unlöslich mit sich vereint.

Der österliche Geist ist also der Geist der *Versöhnung* und der *Einheit*, der Geist des Friedens. In der siegreichen Auferstehung vereint er den Vater und den Sohn und führt die von Gott Getrennten und Fernen in ihre Gemeinschaft.

Auf dieses Wirken des Geistes geht eine vor allem im Westen beheimatete theologische Traditon zurück, nach der der Heilige Geist das „Band der ewigen Liebe" ist: die empfangene und geschenkte Liebe, die den Liebenden (den Vater) mit dem Geliebten (dem Sohn) eint. Während der Vater die hervorbringende Liebe ist (er zeugt den Sohn) und der Sohn die empfangende Liebe, ist der Geist die personale Liebe, die Vater und Sohn einander schenken und voneinander empfangen. Diese Liebe, die der Geist ist, ist so stark, daß sie die Sünder einschließt und wieder mit dem Vater versöhnt: Als Band der Liebe vereinigt der Heilige Geist in Christus den Vater auch mit all denen, denen der Sohn zum Bruder geworden ist.

Die österliche Versöhnung gründet im schmerzlichen, schmachvollen Tod Christi am Kreuz: „Christus hat uns vom Fluch des Gesetzes freigekauft, indem er für uns zum Fluch geworden ist ..., damit ... wir aufgrund des Glaubens den verheißenen Geist empfangen" (Gal 3,13f). Am Kreuz, in der Stunde der Trennung ist der Geist präsent: Jesus „neigte das Haupt und gab seinen Geist auf" (Joh 19,30). – Jesus gab seinen Geist auf; er „übergab" den Geist, könnte man übersetzen. Diese Übergabe des Geistes hat eine tiefe theologische Bedeutung; denn in ihr vollendet der Sohn sein Opfer. Im Hebräerbrief heißt es, daß Christus „sich selbst kraft ewigen Geistes Gott als makelloses Opfer dargebracht hat“ (Hebr 9,14). Johannes Paul II. zeigt in seiner Enzyklika über den Heiligen Geist (*Dominum et vivificantem*, Nr. 39 und 41), daß diese neutestamentlichen Texte uns an ein nicht zu ergründendes Geheimnis heranführen: Leiden und Kreuzestod Christi verweisen uns wie eine Ikone auf ein geheimnisvolles Geschehen in Gott, dem Vater, Sohn und Geist. Liebe und Leid sind darin unlöslich verbunden; es ist ein freiwilliges, aus Liebe zu den Geschöpfen gewähltes Leiden.

Der Heilige Geist und der Mensch

Am Kreuz übergibt Jesus den Geist dem Vater, und zugleich wird dieser selbe Geist, der Geist der Einheit und des Friedens, über alle Menschen ausgegossen. Es ist der Geist, der in uns ruft: „Abba, Vater!“ (Gal 4,6; Röm 8,15). Er macht uns zu Töchtern und Söhnen Gottes in *dem* Sohn, der für uns gekreuzigten Liebe, die uns mit Gott und untereinander versöhnt hat.

Dieser Geist wird uns in der Taufe und in der Firmung geschenkt; es ist der Geist, in dessen Kraft Brot und Wein Leib und Blut Christi werden, der Geist, der uns Kirche werden läßt. Der Heilige Geist bewirkt, daß ein jeder mit Paulus sagen kann: „Nicht mehr ich lebe, sondern Christus lebt in mir“ (Gal 2,20).

Die Kirche ist der Leib Christi, weil sie Tempel des Heiligen Geistes ist, die Gemeinschaft des ewigen Bundes. Dieser Bund ist in Jesus Christus personhaft gegenwärtig, in ihm, der im Geist als Lebender zugegen ist und lebendig macht.

Vor diesem Hintergrund wird eine andere theologische Tradition verständlich, die sich neben der im Westen vorherrschenden Perspektive (der Geist als einendes Band der Liebe) vor allem im Osten ausgebildet hat: die Sicht des Heiligen Geistes als „Ekstase Gottes". Der Geist ermöglicht, daß Gott aus sich herausgeht, sich dem anderen, der Welt, den Menschen öffnet. Diese Sichtweise wird durch die Heilsgeschichte bestätigt: Immer, wenn der ewige Gott sich *ad extra*, nach außen hin ausdrückt, tut er es *im Geist*. Bei der Schöpfung schwebte Gottes Geist über den Wassern (vgl. Gen 1,2), er kommt auf die Propheten herab, er „überschattet" die Jungfrau Maria, er salbt das menschgewordene Wort, er kommt am Pfingsttag herab und bildet aus den Jüngern die in der Liebe geeinte Kirche.

Wenn wir dieses vielfältige Wirken des Heiligen Geistes betrachten, können wir zweierlei festhalten: Er ist zum einen derjenige, *der die Verschiedenen vereint*; er baut Brücken der Versöhnung, stiftet Frieden. Er ist zum anderen derjenige, *der öffnet und Vielfalt schafft*; er bringt eine Fülle unterschiedlicher Gaben und Charismen hervor und drängt die Jünger immer wieder, aus sich selbst herauszugehen, sich anderen zuzuwenden und sie aufzunehmen.

So wirkt der Heilige Geist am Menschen und an der Kirche als unsichtbarer Einheitsgrund, der Trennungen und Spaltungen überwindet. Er schenkt inneren Frieden, schließt Menschen zusammen in der Freude über die Gemeinschaft mit dem Vater und dem Sohn. Diese Gemeinschaft finden sie in ihm, dem Geist, der die Seele der kirchlichen Einheit ist. Der Heilige Geist läßt diese Einheit der Gläubigen zum Zeichen, zum Werkzeug und zur prophetischen Verheißung der Einheit der Welt werden.

Der Heilige Geist ist zudem der Quellgrund der reichen, mannigfaltigen Gaben und Dienste. Er bewegt die mit Christus zu neuem Leben Auferweckten, ihr Leben als Dienst und Sendung zu begreifen: „Es gibt verschiedene Gnadengaben, aber nur den einen Geist. Es gibt verschiedene Dienste, aber nur den einen Herrn. Es gibt verschiedene Kräfte, die wirken, aber nur den einen Gott: Er bewirkt alles in allen. Jedem aber wird die Offenbarung des Geistes geschenkt, damit sie anderen nützt" (1 Kor 12,4-7).

Der Geist der Einheit ist derselbe, der die Vielfalt von Gnadengaben und Diensten hervorbringt: Alle sind berufen, zum Wachstum des einen und einzigen Leibes Christi, der Kirche, beizutragen.

Die kirchliche Gemeinschaft, die vom Geist Gottes verlebendigt wird, stellt sich dar als versöhnte Verschiedenheit, als eine in der Liebe geeinte Vielfalt. Sie ist somit ein Abbild der göttlichen Dreifaltigkeit, des wechselseitigen Ineinander-Wohnens, der gegenseitigen Durchdringung (Perichorese) der göttlichen Personen. Die Drei sind je ganz sie selbst und doch zugleich ganz in den anderen: der Vater im Sohn und im Geist, der Sohn im Vater und im Geist ... – Vater, Sohn und Geist sind in vollkommener Einheit, sie sind der eine und einzige Gott. Jesus hat uns eine Ahnung von diesem abgrundtiefen Geheimnis der Einheit in der Verschiedenheit gegeben. Im Johannesevangelium wird die Gemeinschaft der Jünger in Bezug zur Gemeinschaft Jesu mit dem Vater gesetzt. Das typisch johanneische „wie" erhellt die Beziehung zwischen der Dreifaltigkeit und der Kirche: „Liebt einander, so *wie* ich euch geliebt habe" (Joh 15,12; vgl. 13,34). „*Wie* du, Vater, in mir bist und ich in dir bin, sollen auch sie in uns (eins) sein ... Sie sollen eins sein, *wie* wir eins sind" (Joh 17,21f). Das Leben der Dreifaltigkeit ist Ursprung, Vorbild und Ziel der kirchlichen Gemeinschaft.

Unter dem Wirken des Heiligen Geistes lebt die Kirche aus einer tiefen Einheit, die aus der Teilhabe am ewigen Leben Gottes erwächst. Solche Einheit ist nicht Nivellierung in einer einförmigen Masse, sondern zeigt sich in einer Vielzahl von Gesichtern, von Charismen und Diensten – analog zur Verschiedenheit der göttlichen Personen. Der Heilige Geist eint also die Verschiedenheit und diversifiziert das Geeinte. Er versöhnt Unterschiedenes und unterscheidet die zur einigen Gemeinschaft Versöhnten.

Dem Geist gemäß leben, ihm Raum geben, das heißt: die Verschiedenheit, die er hervorbringt, fördern und wertschätzen – und zwar, damit alles der Gemeinschaft dient, dem Aufbau des einen Leibes Christi, der Kirche. Wer Spaltungen verursacht, weist den Geist genauso ab wie der, der die Verschiedenheit einebnet.

Der Heilige Geist und die Welt

Durch den Heiligen Geist ist Jesus, der Herr, in Raum und Zeit, in den verschiedensten Situationen und Momenten gegenwärtig. Der von den Toten Auferweckte ist erfüllt vom Heiligen Geist (vgl. Röm 1,4); er schenkt den Geist allen weiter und zeigt sich – im Geist – allen Generationen als der lebendige und lebendig machende Herr. Der zeitliche Abstand, der uns vom irdischen Leben Jesu trennt, ist überwunden durch das Wirken des göttlichen Tröstergeistes. Im Heiligen Geist ergreift Jesus heute Besitz von den Herzen der Menschen, die sich ihm öffnen. Sich öffnen heißt hinhören auf sein Wort und die Sakramente empfangen. Sich öffnen, das muß aber noch weiter gefaßt werden: Offen sind generell all jene, die Ja sagen zum Geheimnis des Lebens und Sterbens; jene, die Liebe, Solidarität und Gerechtigkeit üben. Der Heilige Geist ist die wirkmächtige Erinnerung an Jesus Christus, seine Vergegenwärtigung; er ist der Herr, der Leben gibt: Hier und heute vergegenwärtigt er Christus, den Lebenden – über alle gesellschaftliche, soziale oder kulturelle Schranken und Barrieren hinweg, ungeachtet der Zugehörigkeit zu Rasse und Religion.

Wenn wir uns vor Augen führen, was wir vom Heiligen Geist andeutungsweise gesagt haben, kommen wir nicht umhin, einige Anfragen an uns als kirchliche Gemeinschaft zu richten. Sind wir in unseren Gemeinden, Gruppen und Gemeinschaften fähig, die tiefe Gemeinschaft zu leben, die alle in dem einen Herrn und einen

Geist vereint? In welchem Maße gelingt uns das? Wie leben wir das nach innen – und wie nach außen? Respektieren und achten wir einander, pflegen wir freundschaftliche Beziehungen zu anderen Gruppen und Vereinigungen in der Kirche? Nehmen wir einander in Liebe an, versammelt um die Hirten, verbunden mit dem Bischof, der im Dienst der Einheit steht?

Nicht weniger dringlich als die Frage nach der *Einheit* in der Vielfalt ist die Frage, ob und wie wir die *Verschiedenheit* der Gnadengaben des Heiligen Geistes anerkennen. Er teilt seine mannigfaltigen Gaben aus, sowohl in den Gemeinden, den Gemeinschaften und der großen Gemeinschaft der Kirche als auch im tagtäglichen Leben zahlloser Frauen und Männer, die – manchmal ohne sich dessen bewußt zu sein – Tempel des Heiligen Geistes sind.

Wir sollten den Heiligen Geist entdecken, wo immer er weht. Und er weht, wo er will. Es ist wichtig, daß wir frei werden von festgefahrenen, starren Denkweisen, von Verhärtungen, von der Tendenz, uns zu verschließen und abzuschotten, von einer ungebührlichen Verabsolutierung der Zugehörigkeit zu „unserer" Gruppe oder Gemeinschaft. Auch die Zugehörigkeit zur katholischen Kirche sollten wir nicht verabsolutieren: „Wo der Geist des Herrn wirkt, da ist Freiheit" (2 Kor 3,17).

Wie ich eingangs sagte: Der Heilige Geist ist da, er wirkt überall, er ist vor uns am Werk, er tut mehr als wir, und er macht es besser als wir. Es ist eine subtile, arglistige Versuchung, wenn der Widersacher uns vergessen machen will, daß der Heilige Geist zugegen ist.

Dann sind wir versucht, der Traurigkeit anheimzufallen und zu meinen, Gott hätte uns verlassen in einer bösen Welt, gegen die wir mit ungleichen Waffen kämpfen. Wenn wir nicht an den Heiligen Geist glauben und auf ihn setzen, gewinnen Gleichgültigkeit, Egoismus und Gottvergessenheit schnell die Oberhand. Dieses mangelnde Vertrauen ist eine schwerwiegende „Sünde gegen den Heiligen Geist" (vgl. Mt 12,31f). Man leugnet *de facto* seine Kraft, die durchdringende Macht seines Wehens, das jeden Winkel der Welt und Geschichte erreicht.

Vertrauen wir auf den Herrn, dem „viel Volk in dieser Stadt gehört" (vgl. Apg 18,10). Dann werden wir erkennen und realistisch beurteilen können, welche Elemente in unserer Zeit den Glauben positiv und negativ beeinflussen. Vor einem oberflächlichen, naiven Optimismus werden wir ebenso gefeit sein wie vor einem unfruchtbaren Pessimismus. Der Heilige Geist gibt uns Einblick in das große Netz echter, von Liebe geprägter Beziehungen, das er in der Welt knüpft. Es ist ein Widerschein des „Beziehungsgeflechts", das der heilige, eine und dreifaltige Gott ist.

Von diesen Überlegungen ausgehend, möchte ich nun einige Anstöße zur Reflexion geben, Hilfestellungen zu einer Vergewisserung und Überprüfung unserer Denk- und Verhaltensweisen. Es geht um das Leben in allen Gemeinden, Bewegungen, Gruppen und Vereinen, die unsere Kirche bilden. Es geht aber auch um unsere ganz persönliche Haltung zum Wirken des Heiligen Geistes in uns und in der Welt.

Vom Geist erzählen

Was können wir, wie sollen wir vom Heiligen Geist und seinem Wirken erzählen? Ich möchte mit einem biblischen Bild beginnen, das auf den ersten Blick vom Thema wegzuführen scheint, uns aber Wichtiges zu sagen hat. Es ist ein Gleichnis aus dem Lukasevangelium: die Geschichte vom ungelegenen Besuch eines Freundes.

Ungelegener Besuch

Jesus erzählt: „Wenn einer von euch einen Freund hat und um Mitternacht zu ihm geht und sagt: Freund, leih mir drei Brote, denn einer meiner Freunde, der auf Reisen ist, ist zu mir gekommen, und ich habe ihm nichts anzubieten!, wird dann etwa der Mann drinnen antworten: Laß mich in Ruhe, die Tür ist schon verschlossen, und meine Kinder schlafen bei mir; ich kann nicht aufstehen und dir etwas geben? Ich sage euch: Wenn er schon nicht deswegen aufsteht und ihm seine Bitte erfüllt, weil er sein Freund ist, so wird er doch wegen seiner Zudringlichkeit aufstehen und ihm geben, was er braucht" (Lk 11,5-8).

Jesus selbst erklärt das Gleichnis so: „Darum sage

ich euch: Bittet, dann wird euch gegeben; sucht, dann werdet ihr finden; klopft an, dann wird euch geöffnet. Denn wer bittet, der empfängt; wer sucht, der findet; und wer anklopft, dem wird geöffnet. Oder ist unter euch ein Vater, der seinem Sohn eine Schlange gibt, wenn er um einen Fisch bittet, oder einen Skorpion, wenn er um ein Ei bittet? Wenn nun schon ihr, die ihr böse seid, euren Kindern gebt, was gut ist, wieviel mehr wird der Vater im Himmel den Heiligen Geist denen geben, die ihn bitten" (Lk 11,9-13).

Stellen wir uns einmal vor, wir bekämen in unseren christlichen Gemeinschaften ungelegenen Besuch; jemand würde uns – mehr oder weniger offen – um das Brot des Wortes Gottes bitten. Wie würden wir reagieren? Womöglich erginge es uns ähnlich wie der Gestalt aus dem Gleichnis.

Die Tür ist zu, die Kleinen schlafen schon; die Nacht ist vorgerückt. Somit ist alles in bester Ordnung. In den Wohnungen zur Zeit Jesu schlief man gewöhnlich auf Matten vor der Haustür; dann jemand hereinzulassen, war mit viel Aufwand verbunden und verursachte ein großes Durcheinander. – Eine Gruppe oder Gemeinschaft, die sich nicht mehr durch ungelegene Gäste „stören" läßt, der die bewährte Ordnung wichtiger ist als eine großherzige Offenheit für andere, handelt so, wie Jesus es gerade nicht möchte. Der Mann im Gleichnis, der schließlich doch dem Freund aufmacht und ihm gibt, was er braucht, wird mit dem himmlischen Vater verglichen, der jede inständige Bitte um den Heiligen Geist erhört. Eine Gemeinschaft, eine Bewegung, eine Gruppe, die offen ist für andere, die sich stören läßt, die bereit ist, sich in Frage stellen zu lassen, wenn die Liebe es verlangt, wird eine lebendige Ikone des Vaters. Sie spiegelt den wider, der den Heiligen Geist schenkt, die Quelle jenes Lebens und jener Freude, die nur von ihm kommen können.

Was können wir tun, damit all unsere Gemeinschaften so vom Geist erfüllt sind, daß sie diese Herausforderung annehmen? Wie können wir wachsam bleiben, damit wir das Ungelegene, Unerwartete als wertvolle Chance begreifen? Dies sind Fragen, die ich allen Gemeinden, Gruppen, Vereinigungen und Bewegungen zur Gewissenserforschung vorlegen möchte. Es ist wichtig, daß sie sich bereitwillig und offenherzig dem Wort Gottes und seinem Urteil unterstellen, daß sie offen werden für das Wehen des Geistes Gottes.

Sich vom Heiligen Geist prägen lassen:

Die Gaben des Geistes in unseren Gruppen und Gemeinschaften

Für unsere Reflexion greife ich auf eine bewährte Tradition zurück: auf die Lehre von den Gaben des Heiligen Geistes. Ihr biblisches Fundament ist die Beschreibung des „messianischen Sprosses" im Buch Jesaja:[1]

1 „Sproß" heißt hebräisch *nezer*. Davon leiten sich „Nazareth" und „Nazoräer" ab. Jesus wird als „Nazoräer" bezeichnet; er ist der messianische Sproß, auf ihm ruht der Geist des Herrn (vgl. Lk 4,18f; Jes 61,1f; vgl. auch Jes 60,21).

„Aus dem Baumstumpf Isais wächst ein Reis hervor,
ein junger Trieb aus seinen Wurzeln bringt Frucht.
Der Geist des Herrn läßt sich nieder auf ihm:
der Geist der Weisheit und der Einsicht,
der Geist des Rates und der Stärke,
der Geist der Erkenntnis und der Gottesfurcht."
(Jes 11,1f)

In der griechischen Bibel, der *Septuaginta*, und in der lateinischen *Vulgata* wird als siebtes die Frömmigkeit hinzugefügt. Weisheit und Einsicht, Rat und Stärke, Erkenntnis, Gottesfurcht und Frömmigkeit, das sind Gaben, die der Heilige Geist in ganzer Fülle Jesus gegeben hat. Sie leuchten auf in seinem Tun und Reden, und wenn sie uns zuteil werden, handeln, denken und empfinden wir ähnlich wie Jesus.

Theologen wie Thomas von Aquin haben die sieben Gaben des Heiligen Geistes mit den drei sogenannten göttlichen Tugenden (Glaube, Hoffnung und Liebe) verbunden und mit den acht Seligpreisungen (vgl. Mt 5,1-10) in Zusammenhang gebracht. Auf diese Weise haben sie ein umfassendes Bild des „neuen Menschen" entworfen: So läßt sich das Leben eines Menschen beschreiben, der vom Heiligen Geist verwandelt worden und beseelt ist.

Einsicht, Erkenntnis und die Gabe des Rates sind vom Glauben geprägt; Gottesfurcht und Stärke erwachsen aus der Hoffnung; die Liebe führt zur Frömmigkeit und Weisheit.

Glaube, Hoffnung und Liebe wurden mit bestimmten Seligpreisungen verbunden: Es ist besonders der

Glaube, der die Menschen reinen Herzens, die Weinenden, die Barmherzigen prägt. Von der Hoffnung sind die Armen vor Gott erfüllt, die alles von Gott erwarten, die Menschen, die nach Gerechtigkeit hungern, und jene, die um Jesu und um des Evangeliums willen Verfolgung erdulden. Die Liebe kennzeichnet die Barmherzigen und die Friedensstifter.

Diese Zuordnungen dürfen nicht als starres Schema mißverstanden werden. Sie sind eher eine spielerische Art und Weise, den Reichtum, die vielfältigen Ausprägungen eines Lebens unter dem Wirken des Heiligen Geistes zu veranschaulichen. Es wird beispielhaft gezeigt, wie Christen leben, die sich von ihm leiten lassen: in der Freiheit und Spontaneität von Kindern Gottes. „Alle, die sich vom Geist Gottes leiten lassen, sind Söhne Gottes" (Röm 8,14). Ein bedeutender geistlicher Autor unserer Zeit, L. Lallemant, schreibt: „Wer sich von den Gaben des Heiligen Geistes führen läßt, ist wie ein Schiff, das mit vollen Segeln bei Rückenwind fährt. Wer hingegen nur auf seine eigenen Kräfte ... setzt, gleicht einem Ruderboot, das sich selbst unter großem Kraftaufwand viel langsamer von der Stelle bewegt."

Ausgehend von dem skizzierten klassischen Schema habe ich eine Art Dekalog für ein Leben nach dem Geist Gottes zusammengestellt. Auf diese Weise möchte ich unseren Gemeinden und Gemeinschaften einige Anregungen geben, damit sie offen sind für „ungelegene Gäste" und miteinander eine große Gemeinschaft bilden, die treues Abbild der Gemeinschaft des dreifaltigen Gottes ist.

Der Glaube ist jene Tugend, die zum grenzenlosen Vertrauen auf Gott bewegt. Er läßt uns alle Situationen und Beziehungen im Licht Gottes sehen. Er schenkt uns ein neues Herz, damit wir die Wahrheit erkennen, die in Jesus Christus personhaft zu uns gekommen ist. Er gibt uns neue Augen, damit wir die Zeichen seiner Gegenwart entdecken. Er öffnet unser Ohr, damit wir vernehmen können, wozu Gott uns ruft. Es ist der Glaube, der eine Gemeinschaft auf das Wort Gottes hören und antworten läßt. Aufgrund des Glaubens kommen Menschen zusammen und lassen sich vom Wort Gottes formen. Ohne Glauben gibt es keine Versammlung um den auferstandenen Herrn, gibt es keine Gemeinschaft von Frauen und Männern, die sich als Jünger und Jüngerinnen Jesu Christi verstehen und als solche leben wollen. Man könnte sagen, daß der Glaube uns Kirche werden läßt, denn er bringt uns als Volk Gottes zusammen, als Gemeinschaft derer, die Gott gehören und Christus folgen.

Das erste Merkmal, das eine Gruppe, eine Bewegung oder Vereinigung als *kirchliche* Gemeinschaft ausweist, ist das Bekenntnis des Glaubens. Und dies nicht nur dergestalt, daß sie formal das Glaubensbekenntnis der ganzen Kirche teilt. Wichtig ist auch die Weise, wie dieses Bekenntnis existentiell und subjektiv nachvollzogen wird, wie das Geheimnis des Glaubens verkündet, gefeiert und gelebt wird.

Darum möchte ich unseren Gemeinschaften zunächst die Frage stellen: Ist euer Glaube der Glaube der katholischen Kirche? Lebt ihr in enger Verbundenheit mit dem lebendigen Gott? Seid ihr eine Gemeinschaft, die das Wort Gottes gläubig hört? Eine Gemeinschaft, die die heilige Liturgie feiert und das Evangelium Jesu Christi bezeugt? Wie lebt ihr die Seligpreisungen: Selig, die ein reines Herz haben; selig die Trauernden; selig die Barmherzigen?

In Form einer Mahnrede wende ich mich an die Gemeinschaften und Gruppen:

Seid vor allem eine Gemeinschaft des Glaubens.
Nährt euch vom Glauben der ganzen Kirche;
bleibt lebendig im unbedingten Ja zu Gott,
bindet euch mit eurem Herzen und in eurem Leben
an ihn, den Lebendigen, der in Jesus Christus
zu uns gesprochen hat.
Müht euch, stets aus redlicher Absicht zu handeln;
freut euch in der Bedrängnis;
seid allzeit bereit, gegenüber den Fernen und Nahen
Barmherzigkeit zu üben.

Einsicht

Der Glaube erhellt die Vernunft; er schenkt Einsicht, die Herz und Augen öffnet, damit wir die Wahrheit erkennen und an sie glauben.

Wenn eine Gemeinschaft Glauben hat, öffnet sie sich der geistlichen Einsicht, jener Durchdringung und Ergründung der Offenbarung, die nur unter dem Wirken des Heiligen Geistes möglich ist. Die Gabe der Einsicht müssen wir erbitten. Wenn wir sie annehmen, werden wir die Geheimnisse, die Gott uns offenbart hat, in ihrer tiefen Einheit erfassen können. Es wird uns jener *contuitus mysteriorum*, jener Blick auf die Geheimnisse zuteil, der uns die Vielfalt dessen, was uns in der Heiligen Schrift mitgeteilt wird und was wir aus der Tradition empfangen, in ihrem Zusammenhang wahrnehmen läßt.

Die Einsicht schenkt uns diesen synthetischen, in die Tiefe dringenden Blick auf die Offenbarung; sie läßt uns in das innerste Geheimnis Gottes eindringen. Wir erfassen die einende Wurzel, aus der die Schöpfung und die Erlösung hervorgehen, der Bund Gottes mit seinem Volk, die Botschaft vom Gottesreich, Tod und Auferstehung, die Heilige Schrift und die Tradition.

Diese Gabe eines tiefen, liebevollen und einenden Blickes empfängt und entwickelt man, wenn man sich beständig dem Urteil des Wortes Gottes unterstellt, so wie es in der Glaubensgemeinschaft der Kirche verkündet, ausgelegt und bezeugt wird. Und wenn man treu ist im betrachtenden Gebet und in der *lectio divina*, der geistlichen Schriftlesung.

Jeder christlichen Gemeinschaft möchte ich darum die Frage stellen: Wie haltet ihr es mit der geistlichen Einsicht?

Seid ihr bereit, euch dem Wort Gottes zu unterstellen? Laßt ihr euch von ihm in Frage stellen? Führt ihr in eurer Gemeinschaft ein ins Gebet und in die Schriftlesung?

Steht ihr zum kirchlichen Lehramt? Meßt ihr die

Einsicht, die eurem jeweiligen Charisma entspringt und die eure internen Lehrmeister vermitteln, am Glauben der Kirche? Laßt ihr euch dabei leiten von jener Einsicht in die Heilige Schrift, die euch der Papst und euer Bischof anbieten?

Unterstellt euch dem Wort Gottes im inneren Gebet
und in der Gemeinschaft mit den Hirten,
um eine Gemeinschaft zu sein,
die reich ist an geistlicher Einsicht.
So könnt ihr inmitten der Bruchstückhaftigkeit
und Verwirrung unserer Zeit
die Fähigkeit zur Synthese gewinnen,
den Blick für das Einende.

Erkenntnis

Mit der Gabe der Einsicht ist die Gabe der Erkenntnis verbunden. Während die Gabe der Einsicht die von Gott kommende Wahrheit verstehen läßt, hilft die Gabe der Erkenntnis, das Leben und die Welt insgesamt im Licht Gottes zu sehen.

Die Erkenntnis, die der Heilige Geist schenkt, ist eine bestimmte Sicht der Wirklichkeit: Sie ist eine Konsequenz aus der Begegnung mit dem Herrn, der Herz und Leben verwandelt.

Die Gabe der Einsicht läßt uns die Wahrheit als etwas uns Angebotenes, auf uns Zukommendes begreifen. Die Gabe der Erkenntnis erstreckt sich auf den weiten Horizont unseres Lebens als einzelne und miteinander und deutet alles im Licht der offenbarten Wahrheit. Eine Frucht dieser Erkenntnis sind beispielsweise die großen theologischen Systeme, die wir aus der Glaubensgeschichte kennen.

Die Gabe der Erkenntnis befähigt die Christenheit, ihren eigenen Beitrag einzubringen – in der Frage nach dem letzten Sinn von allem wie angesichts der vielfältigen gesellschaftlichen und ethischen Problematiken. Dank der Erkenntnis, die der Glaube schenkt, vermögen wir die Zeichen der Zeit zu erkennen und Fermente der Frohen Botschaft zu entdecken, die es allenthalben gibt – auch da, wo man sich dem Licht der Offenbarung zu versperren scheint.

Die Gabe der Erkenntnis läßt uns begreifen, was in einer bestimmten Gemeinschaft von Christen nottut, welche Wege zu beschreiten sind, wie geeignete pastorale Pläne aussehen könnten.

Es ist wichtig, daß sich unsere Gemeinschaften dieser Gabe des Heiligen Geistes öffnen.

Seid ihr eine Gemeinschaft, die aus der Erkenntnis des Glaubens lebt? Sorgt ihr euch um die katechetische Unterweisung und theologische Weiterbildung eurer Mitglieder? Seid ihr darauf bedacht, die Lehrer der Theologie zu hören? Wendet ihr euch der großen geistlichen Erfahrung zu, die der Heilige Geist in der Kirche hervorbringt und die euch von der Kirche angeboten oder empfohlen wird? Nehmt ihr die seelsorgerischen Programme ernst?

Seid eine Gemeinschaft, die darauf bedacht ist,
in der Erkenntnis des Glaubens zu wachsen.
Stützt euch auf bewährte Lehrer,
die eine Stimme der sinfonischen Wahrheit sind:
jener Wahrheit, die erleuchtet und Heil schenkt,
die gegenwärtig ist in vielen Zeugen,
in Menschen, die uns geschenkt sind
in der Gemeinschaft unserer Kirche,
in Zeit und Raum,
in der Vergangenheit wie in der Gegenwart.
Seid eine Gemeinschaft, die in Treue zum Heiligen Geist
einen pastoralen Plan entwickelt und verwirklicht.

Rat

Aus der vom Glauben erhellten Einsicht und Erkenntnis leitet sich die Gabe des Rates ab. Sie hilft uns, angesichts der vielen Alternativen, vor die uns das Leben stellt, die je richtige Wahl zu treffen. Sie ist wie ein Wegweiser, der uns in Ungewißheit und Unsicherheit vor falschen Schritten und überstürzten Entscheidungen bewahrt. Sie lehrt uns, nichts absolut zu setzen, was weniger ist als Gott.

Konkrete Gestalt nimmt die Gabe des Rates zum Beispiel in der geistlichen Führung und Begleitung an, in Form einer Orientierungshilfe, um in den verschiedensten Situationen im Sinne Gottes zu leben.

In unseren Gemeinschaften sollte man auf die Gabe des Rates großen Wert legen. Wer sich bereiten will, dieses Geschenk des Heiligen Geistes zu empfangen, muß einen inneren Weg zurücklegen, der ihm nicht abgenommen werden kann. Der persönliche, freie, vom Heiligen Geist erleuchtete Reifungsprozeß bleibt unabdingbar; davon entbindet weder die Zugehörigkeit zu einer Gruppe oder Bewegung noch der mutmaßliche Wille der Verantwortlichen oder Leiter.

Die Gabe des Rates ermöglicht die Freiheit im geistlichen Leben der einzelnen.

Eine Gemeinschaft muß sich fragen lassen:

Schätzt und fördert ihr diese Gabe? Werden die persönlichen Wege der Reifung des Gewissens respektiert und wertgeschätzt? Auch dann, wenn dies den gemeinsamen Weg mühsamer macht?

Ermutigt ihr eure Mitglieder, sich einen geistlichen Ratgeber zu suchen? Nach Möglichkeit sollte es jemand sein, der so frei ist, daß er vor der Versuchung gefeit ist, die Zugehörigkeit zu dieser oder jener Gruppe zu verabsolutieren.

Seid ihr euch bewußt, daß eure Bewegung oder Gruppe „ein Weg“, einer der vielen Wege in der Kirche ist? Wißt ihr, daß dieser Weg dann wirklich kirchlich ist, wenn anerkannt wird, daß auch andere „Wege“ Berufungen sind oder sein können, die von Gott kommen? ... daß ohne diese anderen Wege der Heilsplan Gottes im Hier und Heute der Kirche unvollständig wäre?

Seid eine Gemeinschaft, die offen ist für die Gabe des Rates.
Respektiert die persönlichen Wege der inneren Reifung,
helft bereitwillig jedem einzelnen, in aller Freiheit
seine persönlichen Entscheidungen zu leben,
die er unter dem Wirken des Gottesgeistes getroffen hat,
geführt durch erfahrene, innerlich unabhängige Ratgeber.

Hoffnung

Wie die Gaben der Einsicht, der Erkenntnis und des Rates mit der göttlichen Tugend des Glaubens verbunden sind, so stehen die Gaben der Gottesfurcht und der Stärke mit der Hoffnung in Zusammenhang.

Hoffnung ist die Erwartung eines künftigen Gutes, die Überzeugung, daß es erreichbar ist – auch wenn dies schwierig sein sollte. Richtet sich die Hoffnung auf das ewige Leben, versteht sich, daß eine solche Überzeugung nicht machbar ist. Diese Hoffnung ist nicht Frucht menschlichen Wollens, sondern Geschenk von oben. Sie erwächst aus der Annahme der Verheißungen, die uns Gott in Jesus Christus macht. Nur in ihm ist uns eine Hoffnung gegeben, die nicht enttäuscht. Denn in ihm, dem Auferstandenen, ist auch uns das Leben verheißen, das Sünde und Tod für immer besiegt. Die Hoffnung öffnet das Leben der Gläubigen auf die Zukunft Gottes, auf das unausdenkbar Neue und Überraschende, das er immer wieder für uns bereithält.

Eine christliche Gemeinschaft ist aus Gnade und aus Berufung Zeugin der Hoffnung. Sie ist bereit, jedem

Rechenschaft über den Grund ihrer Hoffnung zu geben (vgl. 1 Petr 3,15). Die ganze Kirche ist in diesem Sinne eine eschatologische Größe: Sie ist das Volk der göttlichen Tugend der Hoffnung, sie ist auf dem Weg zur endgültigen Erfüllung der Verheißungen, die der Vater uns im Tod und in der Auferstehung seines Sohnes gegeben hat.

Seid ihr eine Gemeinschaft, die reich ist an Hoffnung? Bewahrt ihr angesichts der Nöte und Mißstände unserer Zeit die Fähigkeit, den Blick auf den weiten Horizont der Hoffnung zu richten, der uns durch Gottes Zukunft eröffnet ist? Seid ihr für die Menschen, die euch begegnen, Zeugen der Hoffnung? Lebt ihr in der Freude derer, die auf den Herrn hoffen? Lebt ihr gemäß der Seligpreisungen: Selig, die arm sind vor Gott; selig, die hungern nach der Gerechtigkeit; selig, die um Jesu und um des Evangeliums willen Verfolgung erleiden?

Seid eine Gemeinschaft, die lebendig ist in der Hoffnung,
damit ihr allen Menschen die Verheißungen Gottes
bezeugen könnt, die über jedes Maß hinausgehen.
Gott befreit aus der Gefangenschaft in die Übel unserer Zeit
und aus der Angst vor dem Tod.
Er läßt uns vertrauensvoll nach vorn blicken,
frei von irdischen Gütern und materiellem Besitz.
Er schenkt uns eine feste Zuversicht,
die stärker ist als alles Versagen,
als Verfolgung und Niederlagen!

Aus der göttlichen Tugend der Hoffnung leitet sich die Gottesfurcht ab. Sie erwächst aus dem Bewußtsein, daß wir uns und unser Handeln nicht nur nach irdischen Kriterien und im Horizont vergänglicher Dinge beurteilen dürfen, sondern an dem zu messen haben, was endgültigen, bleibenden Wert hat: im Horizont des ewigen Lebens. Gottesfurcht ist jene Haltung, die uns unter dem Blick des Herrn leben läßt. Sie bewirkt, daß wir mehr darauf bedacht sind, Gott zu gefallen als den Menschen.

Gott schaut uns an; er ist unser „Richter". Dies dürfen wir nicht falsch verstehen: Denn der Herr ist keiner, der mit strengem Blick nur darauf wartet, uns bei einem Fehler zu ertappen. Im Gegenteil: Gott ist unser Vater, der jeden von uns kennt. Er liebt dich wie niemand sonst und möchte für dich nur, was wirklich gut für dich ist.

Für uns ist es das beste, zu handeln, wie es ihm gefällt. Darin finden wir Freude und Trost, auch wenn es uns im Augenblick etwas kostet. Gottesfurcht ist die Haltung eines Kindes, das voller Liebe und Achtung eigentlich nur eines fürchtet: dem Herzen des Vaters zu mißfallen.

Eine Gemeinschaft, die in der Gottesfurcht lebt, wird es vermeiden, nach menschlicher Logik, in Macht- und Erfolgskategorien zu denken. Sie mißtraut einer weltlichen Mentalität, die auch für die Jünger Jesu eine ständige Versuchung darstellt. Sie stellt keine Berechnungen an, wie sie sich auf Kosten anderer durchsetzen und behaupten kann. Sie hat nur im Sinn, Jesus zu folgen, der in allem den Willen des Vaters getan hat. Daran hält sie fest, auch wenn es heißen sollte, das Kreuz anzunehmen und ihm in seine Passion zu folgen.

Welchen Stellenwert gebt ihr der Gottesfurcht in eurem Denken, euren Einschätzungen und Programmen? Laßt ihr euch vom Herrn leiten? Bemüht ihr euch, in allem ihm allein zu gefallen? Nehmt ihr das Evangelium und die Nachfolge Jesu zum Maßstab eurer Forderungen und Wünsche? Oder spekuliert auch ihr gelegentlich auf irdischen Erfolg, der so leicht blenden kann?

Seid eine Gemeinschaft,
die vor Gott lebt, unter seinem Blick.
Sucht in allem ihm allein zu gefallen,
seid wachsam, lebt in der Furcht seines heiligen Namens,
frei von irdischem Kalkül und rein weltlichen Maßstäben!

Stärke

Auf dem Grund der göttlichen Tugend der Hoffnung wächst neben der Gottesfurcht die Stärke in Entscheidungen und im Verhalten. Im Sinne Gottes stark sein heißt: im Glauben treu bleiben, ohne sich von gängigen Meinungen, von einem modischen Egoismus, von Opportunismus und Erfolgskalkül irreführen zu lassen. Die Stärke ist die Haltung eines Menschen, der fest in der Liebe und im Gehorsam gegenüber dem Herrn steht. Für den Herrn erträgt er auch Prüfungen und Enttäuschungen, ohne den manchmal dunklen und schmerzlichen Weg der Nachfolge aufzugeben.

Die Kirche „schreitet zwischen den Verfolgungen der Welt und den Tröstungen Gottes voran", schreibt Augustinus. Sie darf sich vom Weg Christi weder durch Furcht noch durch Schmeicheleien abbringen lassen. Der Jünger Christi, der die Gabe der Stärke angenommen hat und pflegt, gibt nichts auf schmeichelhafte Worte und läßt sich auch durch Drohungen nicht einschüchtern.

Ist eure Gemeinschaft stark in der Hoffnung? Bleibt ihr eurem Weg treu, bewahrt ihr die Treue gegenüber dem Ruf Gottes? Kann man sich auf euch verlassen? Steht ihr zu den Aufgaben, die ihr übernommen habt, auch wenn es euch etwas kostet und große Opfer verlangt?

Seid eine Gemeinschaft, die stark ist in der Hoffnung,
bleibt dem Weg treu, den Gott euch gewiesen
und den die Kirche bestätigt hat.
Gebt euer Zeugnis in aller Freiheit und mit Mut!
Seid eine befreiende Gemeinschaft:
befreiend für all eure Mitglieder
wie für jeden, der zu euch kommt.
Lebt aus der Gabe der wahren Freiheit,
die der Herr uns schenkt!

Die göttliche Tugend der Liebe weckt in uns jene Liebe, mit der Gott selbst liebt. „Die Liebe Gottes ist ausgegossen in unsere Herzen durch den Heiligen Geist, der uns gegeben ist" (Röm 5,5). In der Liebe sind alle Gaben des Heiligen Geistes miteinander verbunden; sie zeichnet den „neuen Menschen" aus. Wenn wir die Liebe haben, werden wir innerlich offen für die anderen. Wir achten ihre Verschiedenheit und ihre Freiheit, sind auf ihr Bestes bedacht und werden bereit, uns für sie hinzugeben. „Die Liebe ist langmütig, die Liebe ist gütig. Sie ereifert sich nicht, sie prahlt nicht, sie bläht sich nicht auf, sie handelt nicht ungehörig, sucht nicht ihren Vorteil, läßt sich nicht zum Zorn reizen, trägt das Böse nicht nach. Sie freut sich nicht über das Unrecht, sondern freut sich an der Wahrheit. Sie erträgt alles, glaubt alles, hofft alles, hält allem stand" (1 Kor 13,4-7).

In der Liebe leben bedeutet für eine christliche Gemeinschaft, offen, gastlich und großherzig gegenüber anderen zu sein (denken wir an den ungelegenen Besuch!). Diese Haltung ist besonders innerhalb der großen Gemeinschaft der Kirche wichtig, die nach dem Bild der Dreifaltigkeit Einheit in der Vielfalt ist: Wehe einer Gemeinschaft, die sich absondern und gegen andere verschließen würde, die sich nicht bemüht, um den Bischof, der Zeichen und Werkzeug der Einheit ist, mit allen anderen in Gemeinschaft zu sein.

Seid ihr eine offene, gastliche, großherzige Gemeinschaft? Respektiert ihr die Vielfalt in der Kirche – nicht nur mit Worten, sondern in Tat und Wahrheit? Seid ihr offen für die „von draußen", die zu euch kommen, die vielleicht auf der Suche nach Gott sind und sich nach der Begegnung mit Jesus Christus sehnen? Bedient ihr euch der Kirche, oder seid ihr bereit, ihr zu dienen, damit das Reich Gottes wächst – auch dann, wenn eure eigene Gemeinschaft verschwinden müßte? Reagiert ihr mit Milde auf Unverständnis und Anschuldigungen? Wie dient ihr der Verständigung und dem Frieden?

Seid als Gemeinschaft lebendig und tatkräftig in der Liebe,
seid offen, setzt Zeichen der Versöhnung,
nehmt alle Schwestern und Brüder im Glauben
großherzig auf, auch wenn sie anders sind als ihr.
Seid bereit, dem andern Raum zu geben,
wer immer er ist und welcher Richtung er auch angehört.
Nehmt ihn mit Respekt und in Liebe an,
bietet ihm das Geschenk, das Gott euch gemacht hat, an,
ohne etwas dafür zu verlangen.
Vergebt großzügig und mit Freude,
setzt euch mit allen Kräften ein
für die Versöhnung der Herzen!

Frömmigkeit

Mit der Liebe sind besonders die Gaben der Frömmigkeit und der Weisheit verbunden. Die Frömmigkeit richtet das Herz und das ganze Leben auf die Anbetung Gottes aus. Sie schenkt ihm Verehrung und erkennt ihn als Quelle und Ziel aller Gaben an. Frömmigkeit ist tiefes Empfinden für Gott, Verliebtsein in ihn. Sie weckt den Wunsch, alles zu seiner Ehre zu tun. Gott hat uns seine übergroße, barmherzige Liebe geschenkt, und er möchte, daß wir mit Liebe darauf antworten. Die Gabe der Frömmigkeit bewirkt, daß wir nicht nur seine Tröstungen suchen, sondern mit ihm leben, uns mit ihm freuen und mit ihm leiden unter der Sünde der Welt.

Eine Gemeinschaft des Glaubens, der Hoffnung und der Liebe erkennt man nicht zuletzt an ihrer Frömmigkeit.

Ist eure Gemeinschaft, sind eure Entscheidungen darauf ausgerichtet, Gott anzubeten und zu verehren?

Nährt ihr in euren Mitgliedern die tiefe Liebe zu Gott, die Antwort ist auf seine Liebe, die er uns umsonst und überreich schenkt?

Bezeugt ihr in unserer Welt, wie wichtig es ist, vor allem anderen den Herrn zu lieben, mit ganzem Herzen, mit allen Gedanken, mit unserem ganzen Wesen?

Seid eine Gemeinschaft voller Frömmigkeit,
seid verliebt in Gott,
strebt danach, in aller Bescheidenheit
auf seine Liebe zu antworten
mit zärtlicher, leidenschaftlicher Liebe.
Seid bereit, jederzeit mit dem Herrn zu leben,
seine Freude und seinen Schmerz zu teilen.

Weisheit

Die Weisheit ist jene Gabe, die uns alles so, wie es in Wahrheit ist, im Licht der Liebe beurteilen läßt: im Licht jener Liebe, mit der Christus uns geliebt hat – bis zum Tod am Kreuz.

Weise ist, wer auf der Grundlage der Liebe urteilt und weiß, daß der letzte Sinn einer Begebenheit sich oftmals nur einem liebenden Herzen erschließt.

Weise ist, wer sich von Gott lieben läßt und sich bewußt ist, daß im Schoß der ewigen Liebe Gottes die stille, letzte Antwort auf viele Fragen verborgen ist, die unserem Verstand unbeantwortbar erscheinen.

Weise ist, wer nicht nur durch Vernunftgründe überzeugen will, sondern weiß, daß sich die Wahrheit – wiewohl unter Zuhilfenahme der Vernunft – vor allem durch die Liebe ausbreitet.

Eine Gemeinschaft ist reich an Weisheit des Geistes, wenn sie in ihren Entscheidungen und Beziehungen der Liebe den ersten Platz gibt. Das heißt: niemanden ausschließen, niemanden ablehnen, nicht urteilen, niemanden bloß nach den eigenen Kriterien einstufen.

Eine Gemeinschaft ist weise, wenn sie durch ihr Leben die Liebe Gottes bezeugt, die größer ist als alles und die ansteckend wirkt: jene Liebe, die von Gott kommt und zu Gott führt.

Seid eine Gemeinschaft voller Weisheit:
Urteilt im Wissen, daß das wichtigste die Liebe ist,
und handelt danach.
Lebt aus der Liebe, die von Gott kommt
und uns an seinem Leben Anteil gibt:
Seid weniger darauf bedacht,
euch selbst in dieser Welt den Weg zu bahnen
als vielmehr ihm und seiner grenzenlosen Liebe!

* * *

Wir haben versucht zu betrachten, wie der Heilige Geist in seiner Kirche wirkt. Ich möchte unsere Reflexion und Gewissenserforschung mit einem Text des heiligen Ambrosius, des Patrons unserer Diözese, beschließen, der „die irdischen und himmlischen Reichtümer" der Geistesgaben preist:

„Der Heilige Geist wurde als Strom bezeichnet; es heißt: ‚Aus seinem Inneren werden Ströme von lebendigem Wasser fließen. – Damit meinte er (Jesus) den Geist, den alle empfangen sollten, die an ihn glaubten' (Joh 7,38f). Ein Strom ist der Heilige Geist, ein gewaltiger Strom, denn ... er entspringt dem Inneren Jesu ... Er versiegt nie und nimmt nie ab ... Wundere dich nicht, daß er hier ein Strom genannt wird und an anderer Stelle siebenfacher Geist ... Damit ist nach Jesaja die Fülle der sieben geistlichen Tugenden gemeint: der Geist der Weisheit und Einsicht, der Geist des Rates und der Stärke, der Geist der Erkenntnis und der Frömmigkeit, der Geist der Gottesfurcht. Ein einziger

Strom ist es, doch seine geistlichen Gaben gleichen vielen Armen. Dieser Strom entspringt der Quelle des Lebens" *(Ambrosius, De Spiritu Sancto I, 156ff).*

Papst Johannes Paul II. sieht die Lehre des Ambrosius über den Heiligen Geist und das geistliche Leben in der Formel von der „nüchternen Trunkenheit des Geistes" zusammengefaßt. Ambrosius gibt uns zu verstehen, daß geistliches Leben „Trunkenheit, Freude und volle Gemeinschaft mit Christus ist; er lehrt uns aber gleichermaßen, daß es nicht zu ungeordnetem, enthusiastischem Überschwang führt, sondern zu tatkräftiger Nüchternheit; er erinnert uns vor allem daran, daß das geistliche Leben *Geschenk des Geistes Gottes* ist. Wer eifrig die Heilige Schrift liest und daraus schöpft, empfängt diese ‚Trunkenheit, die die Schritte eines nüchternen Geistes stärkt' und ‚uns festen Boden gibt durch das ewige Leben, das uns geschenkt ist'" *(Operosam diem, 28).*

Es kommt darauf an, dem Heiligen Geist bereitwillig zu folgen. Wie gesagt: Er ist vor uns am Werk; er tut mehr als wir und macht es besser als wir. Und er wird uns in die ganze Wahrheit einführen (vgl. Joh 16,13).

Ich empfehle dieses Schreiben und jeden einzelnen wie alle Gruppen, an die es gerichtet ist, Maria an, die treu dem Geist der Liebe folgte ... – im Vertrauen, daß auch durch das Gebet und Leben aller ein jeder, der hinzukommt, den lebendigen Gott erkennt und ausruft: „Wahrhaftig, Gott ist bei euch!" (1 Kor 14,25).

Der Heilige Geist in der Familie

Aus einem Brief von Kardinal Martini an die Familien seiner Diözese

Ihr Lieben,

dieser Brief ist wie ein langes Gebet. Wir wollen den Heiligen Geist um seine Gaben bitten: Einsicht, Erkenntnis, Rat, Gottesfurcht, Stärke, Frömmigkeit, Weisheit.

Ich höre, was Ihr mir anvertraut, ich lese Eure Briefe, ich interessiere mich für das, was die Priester von vielen Besuchen bei Euch zu Hause erzählen. So kann ich mir ein Bild machen von dem alltäglichen Leben, das manchmal mühsam und mittelmäßig, manchmal großartig, ja heiligmäßig ist. Wann immer ich auf Not und Elend stoße, möchte ich zu Gott rufen; alle schönen, leuchtenden Begegebenheiten sind mir Anlaß zur Dankbarkeit. „Wir wissen nicht, worum wir in rechter Weise beten sollen; der Geist selber tritt jedoch für uns ein mit Seufzen, das wir nicht in Worte fassen können" (Röm 8,26) ...

Dieser Brief gibt Fragmente wieder: Flashs, die aus dem Leben gegriffen sind. Dieser Brief gibt aber auch einer tiefen Sehnsucht Raum, die eigentlich nicht in Worte zu fassen ist: Wie könnte das Leben, wie könnten diese Situationen aussehen, wenn wir den Heiligen Geist wirken lassen, wenn darin etwas von der Herrlichkeit Gottes aufschiene ...

Vielleicht entdeckt die eine oder andere Familie, welchen Schritt sie tun könnte, wofür sie dankbar sein und wo sie um Verzeihung bitten kann. Ich stelle mir vor, daß aus unserer Kirche ein inständiges, vertrauensvolles, mit einem Mund vorgetragenes Gebet aufsteigt: „Komm herab, du Heilger Geist, ... sende uns der Gaben Siebenzahl ..."

Es ist ein Brief ..., doch vielleicht läßt er sich in unseren Häusern ins Leben übersetzen; vielleicht vermag er dazu anzuregen, neue Seiten zu schreiben.

Die Gabe der Einsicht

Alltagsszenen

Ein Todesfall in der Familie
„Zieh dich um, gleich kommen die Leute!" Oder wäre es besser, daß die kleine Tochter in ihrem Zimmer bleibt, wenn die Trauergäste erscheinen? Die Eltern unterhalten sich noch halblaut darüber, als die ersten Gäste in Schwarz kommen. „Die Oma ist jetzt im Himmel", hatte die Mutter dem Kind gesagt, „sie ist bei Gott ..." – „Wo wohnt Gott denn? Hat die Oma im Himmel dieselben Haare wie hier?" Lauter Kinderfragen, und Tränen. Das Geheimnis des Todes ... Wie sollte man da nicht weinen ...

* * *

Mal so, mal so ...
So ist es manchmal: nichts als Hektik und Streß; keiner ist zufrieden; alles läuft schief. Immer bist du zu spät dran, hättest längst dies und jenes erledigen müssen. Wie soll man da noch ruhig schlafen?

Genervt kommst du nach Hause, und zu allem Überfluß erwarten dich lange Gesichter. Warum nur machen die so viel Aufhebens wegen nichts und wieder nichts. Deine Frau hat deine dumme Bemerkung immer noch nicht vergessen („Immer mußt du den Geistreichen spielen!"); das Gezänk der Kinder nimmt kein Ende.

Eines Abends bist du so gestreßt, daß du die Garageneinfahrt zu eng nimmst. Die Beule im Wagen ist ärgerlich, am meisten aber ärgerst du dich über deine eigene Dummheit ...

Am nächsten Morgen fährst du denselben Weg wie immer. Nach trüben, nebligen Tagen scheint zum ersten Mal wieder die Sonne. Am Horizont siehst du die Berge, der Himmel ist strahlend blau ... Das Geheimnis der Schönheit! Auch das gehört zum Leben ... Wie sollte man nicht weinen – und singen?

* * *

Die Kinder – ein Geheimnis ...

„Ich kann nicht klagen: Unsere Kinder sind eigentlich ganz in Ordnung. Sie lernen, arbeiten, helfen mit, sogar das Chaos in ihren Zimmern hält sich in Grenzen. Auch zu den Großeltern sind sie nett. Aber sie gehen nicht mehr zur Messe ... Wenn ich sie darauf anspreche, sagen sie mir, daß sie ab und zu beten und an Gott glauben. Doch warum man jeden Sonntag zur Messe gehen soll, können sie einfach nicht nachvollziehen. Und mir bedeutet es soviel!"

Das Geheimnis der Freiheit ... Was kann man tun, außer zu beten und zu hoffen?

Zur Reflexion

Mit Euch und für Euch bitte ich den Heiligen Geist, daß er Euch die Gabe der Einsicht schenkt.

Wenn Gott überraschend in die Banalität des Alltags „einbricht", reagieren wir verwundert und beginnen uns Fragen zu stellen, denen wir noch nie nachgegangen waren. Wenn uns der Heilige Geist die Gabe der Einsicht schenkt, werden wir aufmerksam, hellhörig für das Wort Gottes, in dem wir Licht und Vertrauen finden. Es offenbart uns die Liebe des Vaters im Himmel, der sich seiner Geschöpfe annimmt und seine Kinder rettet.

Die Gabe der Einsicht läßt uns einfach werden und öffnet uns für das Verständnis der Heiligen Schrift: Ein Wort, das wir oft gehört haben, geht uns eines Tages womöglich ganz neu auf – vielleicht gerade dann, wenn existentielle Fragen uns bedrängen, oder angesichts einer Situation, der wir nicht entrinnen können.

* * *

Das Kind, das der Großmutter den letzten Abschiedsgruß gibt, beginnt zu ahnen:

Die Oma lebt bei Gott, sie ist mit Jesus zusammen, der gesagt hat: „Ich bin die Auferstehung und das Leben. Wer an mich glaubt, wird leben, auch wenn er stirbt" (Joh 11,25) ...

* * *

Mitten im Alltagstrubel kommt dir das Wort Jesu in den Sinn: „Kommt alle zu mir, die ihr euch plagt und schwere Lasten zu tragen habt. Ich werde euch Ruhe verschaffen" (Mt 11,28). Du spürst: Jesus steht dir als Freund zur Seite; er kennt deine Mühen. Und er schenkt dir Gelassenheit und Frieden.

* * *

Die Eltern, die sich mit dem Gedanken quälen, die Kinder nicht richtig zum Glauben erziehen zu können, erreicht eine Verheißung, die über jeden Zweifel erhaben ist: „Wenn ich über die Erde erhöht bin, werde ich alle zu mir ziehen“ (Joh 12,32). Jesus sagt es auch zu ihnen; sie fühlen sich angesprochen und verstehen: Wo unser Vorbild, unsere Ermahnungen und Ratschläge nichts fruchten, ist Jesus dennoch da; er, der Gekreuzigte, zieht auf irgendeine Weise doch jeden zu sich.

Seit einiger Zeit liegt im Wohnzimmer ein Neues Testament. Oft schon hat sich der eine oder andere gedacht, daß es schön wäre, abends darin zu lesen. Wie wäre es, mal gemeinsam darin zu lesen, sich treffen zu lassen von der Frohen Botschaft, die Jesus selbst ist – und sich so gestärkt und miteinander dem Leben zu stellen, das immer wieder ein Geheimnis ist ...

Zur Vertiefung (vgl. S. 38)
Die Gabe der Einsicht läßt uns in das innerste Geheimnis Gottes eindringen. Wir erfassen die einende Wurzel, aus der die Schöpfung und die Erlösung hervorgehen, der Bund Gottes mit seinem Volk, die Botschaft vom Gottesreich, Tod und Auferstehung, die Heilige Schrift und die Tradition. Diese Gabe eines tiefen, liebevollen und einenden Blickes empfängt und entwickelt man, wenn man sich beständig dem Urteil des Wortes Gottes unterstellt, so wie es in der Glaubensgemeinschaft der Kirche verkündet, ausgelegt und bezeugt wird. Und wenn man treu ist im betrachtenden Gebet und in der *lectio divina*, der geistlichen Schriftlesung.

Alltagsszenen

„Früher ..."

„Meine Alten sind oft ganz schön nervig. Wenn sie anfangen zu erzählen, wie es früher war, dann kann man echt die Krise kriegen. Früher war alles leichter, früher war alles schöner, früher waren die Leute noch ehrlich. Die Kinder folgten, waren opferbereit, die Kirchen waren voll, und die Priester waren noch richtige Priester!

Genauso deprimierend sind die Predigten des Pfarrers: die Familien von heute, die Jugend von heute, die Welt von heute ... – kann man alles vergessen! Vorbei ist die gute alte Zeit, kein Mensch kümmert sich heute darum, was gut ist ...

Ich bin zwanzig. Bin ich in der falschen Zeit auf die Welt gekommen?

Ganz zu schweigen von der Zukunft: Wenn man hört, wie sie die ausmalen, möchte man davonlaufen. Alles wird schwieriger: eine Arbeit zu finden oder gar ein Mädchen, mit dem man nicht eine Liebesgeschichte, sondern eine Geschichte echter Liebe beginnen und eine gute Familie gründen kann. Sogar Luft einzuatmen und sich mal zu sonnen wird gefährlich!"

Können wir da überhaupt noch hoffen?

* * *

So viele Religionen ...

„Neulich klingelten die Zeugen Jehovas. Sie waren überaus freundlich und haben mir ihre Zeitschrift dagelassen ... Als ich darin las, bin ich ganz durcheinander gekommen ... Mein Sohn meinte, es sei besser, diese Leute erst gar nicht mehr hereinzulassen. Die Tochter warf ein, zumindest seien sie von ihrer Sache überzeugt ...

Die Wohnung unter uns haben wir an Malek vermietet. Er ist ein tüchtiger Arbeiter, zahlt pünktlich, ist freundlich und anständig ... Er ist Moslem, er betet oft auf seinem Gebetsteppich und hält sich treu an die Offenbarung des Propheten. In der ersten Zeit wollte ich ihn einmal zu unserem Gottesdienst einladen; heute denke ich: Wenn einer etwas lernen kann, dann ich ...

Vor einiger Zeit ist die Tochter unserer Nachbarn wieder heimgekehrt. Keiner weiß, wo sie so lange gewesen ist; ich habe mich nicht getraut zu fragen. Jetzt ist sie also wieder da: abgemagert, sonderbar gekleidet, mit einem esoterischen Touch, sie ißt nur noch Obst und Gemüse. Sie sagt, sie hätte den Frieden gefunden ... – Auf engstem Raum gibt es so unterschiedliche Formen, Gott zu suchen, zu ihm zu beten – wer findet sich da noch zurecht?"

* * *

Im Bann der Sterne

„Wenn Venus und Mars in einer ungünstigen Konstellation stehen, ist nichts zu machen. Dann bin ich immer ganz down, und die Fröhlichkeit meines Mannes steigert nur die schlechte Laune. Seit einiger Zeit habe ich solche Phasen, ohne daß ich gewußt hätte, woran es liegt ... Jetzt weiß ich endlich, daß die Sterne schuld sind; ich brauche nur ins Horoskop zu sehen ..."

Zur Reflexion

Mit Euch und für Euch bitte ich den Heiligen Geist, daß er Euch die Gabe der Erkenntnis schenkt.

Die Gabe der Erkenntnis läßt unser oft mit Mühen verbundenes Nachdenken fruchtbar werden. Dem, der auf der Suche ist und offene Fragen hat, bahnt sie eine Spur. Er findet die Geduld, auch anspruchsvolle Bücher und Texte zu lesen, die ihm weiterhelfen, und möchte sich weiterbilden.

Die Gabe der Erkenntnis gibt uns das Gespür dafür, ob ein Artikel oder ein Vortrag wirklich etwas zu sagen haben oder ob es sich um bloße Effekthascherei, um leere Slogans handelt.

Die Gabe der Erkenntnis führt uns zu einer tieferen Sicht unserer Zeit als alle Statistiken; sie wehrt einer düsteren Einstellung, einer allgemeinen Unzufriedenheit.

Sie läßt die Älteren zu Freunden der jungen Generation werden. Sie bewahrt sie davor, vorschnell den Kopf zu schütteln, wenn sie die Jungen reden hören oder sehen, wie sie sich für eine Sache begeistern können.

Die Gabe der Erkenntnis lehrt uns eine prophetische Sicht, hilft uns zu unterscheiden und zu differenzieren.

Wer diese Erkenntnis besitzt, wird sich nicht in unsinnigen Vergleichen mit einer Vergangenheit verlieren, die es nur in der eigenen Vorstellung gibt. Vielmehr versucht er, aus seiner Erfahrung das weiterzugeben, was den anderen hilft, richtig und weise zu handeln, sich Gott anzuvertrauen und berechtigte Träume mutig weiterzufolgen. Die Erkenntnis, die der Geist Gottes schenkt, ist der Prophetie verwandt.

* * *

Die Gabe der Erkenntnis führt heraus aus der traurigen religiösen Unkenntnis, mit der sich viele zufriedengeben. Sie treibt an, entschieden etwas dagegen zu unternehmen und sich weiterzubilden. Bedauerlicherweise stimuliert die Komplexität der Welt, in der wir leben, viel zu wenige, ihren eigenen Glauben zu vertiefen. Man ist orientierungslos, läßt sich durch jeden Einwurf irritieren, weiß nichts zu entgegnen. In den Buchhandlungen türmen sich Ratgeber zu allen möglichen Themen; doch für Fragen des Glaubens interessieren sich viele Christen nicht ...

Der Heilige Geist schenkt die Gabe der Erkenntnis, um den Sinn für das Fragen und die Suche nach tragenden Antworten zu stärken ...

Welche Freude wäre es, jemandem, der nach dem Grund unserer Hoffnung fragt, eine Antwort geben zu können!

Wie wäre es, wenn wir selbstbewußt die Frohe Botschaft verkündeten, statt aus vermeintlichem Respekt vor der Freiheit der anderen ängstlich zu schweigen.

Wie wäre es, wenn wir denen, die einer fatalistischen Denkweise anhängen und sich einfach dem Schicksal überlassen, etwas von der Freiheit eines Christenmenschen vermitteln könnten?

Wie wäre es, wenn wir Menschen, die sich im Bann irgendwelcher Mächte glauben, das Bewußtsein ihrer Würde und Freiheit als Kinder Gottes zurückschenken könnten?

Zur Vertiefung (vgl. S. 39f)

Die Erkenntnis, die der Heilige Geist schenkt, ist eine bestimmte Sicht der Wirklichkeit: Sie ist eine Konsequenz aus der Begegnung mit dem Herrn, der Herz und Leben verwandelt.

Die Gabe der Einsicht läßt uns die Wahrheit als etwas uns Angebotenes, auf uns Zukommendes begreifen. Die Gabe der Erkenntnis erstreckt sich auf den weiten Horizont unseres Lebens als einzelne und miteinander und deutet alles im Lichte der offenbarten Wahrheit. Eine Frucht dieser Erkenntnis sind beispielsweise die großen theologischen Systeme, die wir aus der Glaubensgeschichte kennen. Die Gabe der Erkenntnis befähigt die Christenheit, ihren eigenen Beitrag einzubringen – in der Frage nach dem letzten Sinn von allem wie angesichts der vielfältigen gesellschaftlichen und ethischen Problematiken. Dank der Erkenntnis, die der Glaube schenkt, vermögen wir die Zeichen der Zeit zu erkennen und Fermente der Frohen Botschaft zu entdekken, die es allenthalben gibt, auch da, wo man sich dem Licht der Offenbarung zu versperren scheint.

Die Gabe des Rates

Alltagsszenen

Gedanken einer jungen Frau

„Vielleicht sieht man schon, daß ich wieder schwanger bin. Was werden die Leute sagen? ... meine Mutter? ... meine Kolleginnen?

Als feststand, daß ich das dritte Kind erwartete, überkam mich eine gehörige Portion Angst. Wie wird Paolo, mein Mann, reagieren? Wird alles gutgehen? Habe ich wohl genügend Kräfte, zumal die beiden Größeren mich doch auch brauchen?

Der Arzt sagte mit einer solchen professionellen Kälte, es sei alles in Ordnung, daß mir der Verdacht kam, er würde mir etwas verschweigen ... Wie sehr wünschte ich mir gerade jetzt jemand, bei dem ich mich einfach fallenlassen kann ..."

* * *

Entscheidungen der Kinder – Fragen der Eltern

„Unser Ältester hat seinen Kopf durchgesetzt – und jetzt kommt heraus, daß es falsch war: Er mußte sich unbedingt an dieser renommierten Universität einschreiben, doch dann hat er es nicht geschafft ...

Von Anfang an waren wir skeptisch, aber zugleich auch ein wenig stolz auf unseren Sohn. Dann kam er immer angespannter nach Hause ... Hätten wir ihm gleich sagen sollen, daß er das Studium besser abbricht? Mußte sich das solange hinziehen? Es waren harte Jahre, die nichts gebracht haben, und überstanden ist das alles immer noch nicht ...

Und jetzt steht seine Schwester vor der Entscheidung, was sie nach der Schule machen soll. Was sollen wir ihr nur raten? Einerseits soll sie sich nicht überfordern, andererseits soll sie ihre Talente entfalten. Doch wo fängt das eine an und hört das andere auf? Sie ist sehr sensibel ... Auf keinen Fall möchten wir ihr etwas zu Schwieriges nahelegen ... Aber sie soll uns später auch nicht nachsagen können, daß wir nicht an ihre Fähigkeiten geglaubt hätten. Was tun?"

* * *

Gedanken beim Wacheschieben

„In der ersten Zeit fand ich es unerträglich und vollkommen unsinnig, dieses stundenlange Wacheschieben. Den Schlaf unterbrechen, um auf Feinde gefaßt zu sein, die sowieso nicht kommen ... Diese merkwürdigen Zeremonien im Militärdienst ... Spaß macht es mir immer noch nicht, aber ich muß gestehen, daß ich während der Nachtwachen mal aus dem hektischen Alltagschaos herausgekommen bin; nachts habe ich Ruhe – und Zeit zum Nachdenken. Viele Fragen sind mir in diesen Monaten gekommen ... Natürlich dachte ich an Silvia. Unsere Geschichte hatte so leidenschaftlich begonnen, und dann war so schnell Schluß ... Mir fiel auch wieder ein, daß ich, als ich noch kleiner war, einmal Priester werden wollte ... In einigen Momenten ist mir, als ob Gott tatsächlich diesen Weg für mich vorgesehen hätte. Dann wieder scheint es einfach unmöglich. Bin ich dafür gemacht? Ich kann mir lebhaft die Reaktionen vorstellen, wenn ich diesen Schritt tatsächlich machen sollte ... – Gestern beim Wacheschieben ist mir die Sache nicht aus dem Kopf gegangen ... Einiges spricht dafür, anderes dagegen ... Ich weiß wirklich nicht, was ich tun soll."

Zur Reflexion

Mit Euch und für Euch bitte ich den Heiligen Geist, daß er Euch die Gabe des Rates schenkt.

* * *

Die junge Frau, die ihr drittes Kind erwartet, trifft sich wieder einmal mit einer früheren Schulfreundin, die in eine Ordensgemeinschaft eingetreten ist. Ausgerechnet sie, die nicht weiß, was es heißt, Mutter zu werden, findet die richtigen Worte. Sie hat den Weg zu ihrem Herzen gefunden – mehr als Paolo, der sie fest umarmte, als er die freudige Nachricht erfuhr; mehr als die eigene Mutter mit all ihrer Erfahrung; mehr als der Arzt mit all seiner Kompetenz ... Die Begegnung mit der Freundin hat der jungen Mutter tiefen Frieden geschenkt. Wie gut tat es zu hören: „Ich denke an dich; jeden Tag bete ich für dich und dein Kind." Keine Ratschläge, keine Empfehlungen. Doch die Kunst, Zweifel und Sorgen zum Gebet werden zu lassen, hat der jungen Frau neues Vertrauen und Mut geschenkt.

* * *

Ausgerechnet bei der alten, seit Jahren pensionierten Lehrerin suchen viele Rat ... Sie kommt kaum mehr außer Haus; ab und zu fahren die Kinder sie zur Messe. Man möchte meinen, daß sie nicht mehr viel mitbekommt, und doch wendet man sich gern an sie. Sie ist eine weise, erfahrene Frau, hat viel gelitten und viel gebetet ... Sie hat ein offenes Ohr für Eltern mit ihren Sorgen, für ihre Enkel, für frühere Schülerinnen und Schüler. Ohne sich wichtig zu machen, gibt sie manchen guten Rat. Wenn sie zu erzählen beginnt, scheint es, als würde sie weiter sehen ...

* * *

Der junge Mann, der gerade seinen Militärdienst absolviert, sucht das Gespräch mit seinem Pfarrer. Er hatte sich eine klare Antwort erwartet, doch der Pfarrer empfiehlt ihm, mehr zu beten, einmal eines der Evangelien von vorne bis hinten zu lesen und regelmäßig zu beichten ... Obwohl seine Zukunft weiterhin ganz offen ist, weiß sich der Junge nun in Gottes Hand und spürt, daß er mit Vertrauen seinen Weg gehen darf.

Zur Vertiefung (vgl. S. 41)

Die Gabe des Rates hilft uns, angesichts der vielen Alternativen, vor die uns das Leben stellt, die je richtige Wahl zu treffen. Sie ist wie ein Wegweiser, der uns in Ungewißheit und Unsicherheit vor falschen Schritten und überstürzten Entscheidungen bewahrt. Sie lehrt uns, nichts absolut zu setzen, was weniger ist als Gott. Konkrete Gestalt nimmt die Gabe des Rates zum Beispiel in der geistlichen Führung und Begleitung an, in Form einer Orientierungshilfe, um in den verschiedensten Situationen im Sinne Gottes zu leben.

Die Gabe der Gottesfurcht

Alltagsszenen

Ganz schön peinlich, Vati!

Wenn du dir einen dieser vulgären Filme angeschaut hast, hast du dir keine Probleme gemacht: Mit der Fernbedienung kann man schließlich hin- und herzappen. Man muß ja Bescheid wissen, wenn im Kollegenkreis das Gespräch darauf kommt. Und die Besprechungen in der Programmzeitschrift machen die Sache besonders reizvoll.

Es war sonst keiner im Wohnzimmer; du hast es dir bequem gemacht und einen Streifen angeschaut, der unter deiner Würde war. Unversehens kam die älteste Tochter herein – ausgerechnet während dieser Szene ... „Welchen Mist die heutzutage zeigen“, hast du verlegen gemurmelt. Doch der Blick der Heranwachsenden zeigte zu deutlich, daß sich der peinliche Moment damit nicht kaschieren ließ. Jetzt schämst du dich: „Was wird meine Tochter nur von mir denken?“

* * *

Und ich habe doch recht!

Wie entsteht Streit mit dem Nachbarn? Über eine gewisse Zeit hat sich Ärger angestaut. Was er da gesagt hat, hast du bis heute nicht verdaut. Du hast an seinem Gesicht abgelesen, daß er neidisch auf dich ist. Jetzt hat er schon wieder so dumm geparkt; das kann nur böse Absicht sein! Im stillen hast du dir überlegt, wie du es ihm heimzahlen kannst. Eines Tages hast du dich wegen einer Bagatelle fürchterlich aufgeregt, es kam zu einem schlimmen Wortwechsel, und dann hast du dir gesagt: „Jetzt reicht's!" Seither habt ihr nie wieder miteinander gesprochen ... Schließlich warst du im Recht!

Manchmal überkommt dich ein ungutes Gefühl, wenn du zur Kommunion gehst ... „Ärger verspüre ich schon; aber prinzipiell habe ich ja nichts gegen ihn, ich bin ja nicht sein Feind", denkst du dir. Warum diese komplizierten Unterscheidungen, um vor dem Wort Jesu zu bestehen: „Geh und versöhne dich zuerst mit deinem Bruder, dann komm und opfere deine Gabe" (Mt 5,24)?

Neulich kam dein Nachbar ins Krankenhaus; man sagt, es sähe nicht gut aus. Was jetzt?

Zur Reflexion

Mit Euch und für Euch bitte ich den Heiligen Geist, daß er Euch die Gabe der Gottesfurcht schenkt.

Gottesfurcht ist alles andere als lähmende Angst. Es geht um das Bewußtsein, daß Gott da ist wie ein guter Freund, der uns ermutigend anschaut und sagt: „Dies ist richtig. Du kannst das!" Gottesfurcht ist Leben in der Gegenwart Gottes, der Freund ist, der vor Verwirrung und Irrwegen bewahrt. Sie hilft, nicht das Böse zu wollen und unser Gewissen nicht mit dem Gedanken zu beschwichtigen, daß alles halb so schlimm sei, solange niemand etwas sieht.

Die Gabe der Gottesfurcht läßt uns aufrichtig sein –

aus Liebe zum Guten, aus Respekt vor uns selbst, um der tiefen Beziehung zu unserem Vater im Himmel willen, der uns zum Tempel des Heiligen Geistes gemacht hat.

* * *

Es ist Zeit, die Scham über den peinlichen Augenblick beim Fernsehen zu überwinden und den Blick nach vorn zu richten: Jetzt kommt es darauf an, wachsam zu sein, um in Zukunft solche Fehler zu vermeiden und nicht wieder der Versuchung nachzugeben. Selbst wenn ganz sicher ist, daß keiner etwas merkt: Vergiß nicht, daß der liebende Blick Gottes dich begleitet; Gott ist immer zugegen, um dir Mut zu machen und Kraft zu geben, daß du dich nicht selber demütigst, indem du tust, was unter deiner Würde ist.

* * *

Die Gottesfurcht befähigt dich, gerade dann das Gute zu tun, wenn es schwierig ist und dir einiges abverlangt. Sicher wirst du das rechte Wort finden, um eine Aussöhnung mit dem Nachbarn in die Wege zu leiten. Du findest die Kraft, ihn zu besuchen – obwohl dir eigentlich gar nicht danach zumute ist und dir womöglich noch auf dem Weg zu ihm der Gedanke kommt, umzukehren. Doch du weißt, daß Gott bei dir ist und dir immer wieder sagt: „Es ist gut, das jetzt zu tun. Du wirst es schaffen!“

Es ist nicht gesagt, daß du wohlwollend empfangen wirst. Vielleicht mißlingt die Versöhnung dieses Mal – allen guten Absichten zum Trotz. Aber du wirst froh sein, getan zu haben, was anstand. Und das ist wichtiger als das unmittelbare Ergebnis: vor Gott den Frieden wiedergefunden zu haben!

Zur Vertiefung (vgl. S. 45)
Gottesfurcht ist jene Haltung, die uns unter dem Blick des Herrn leben läßt. Sie bewirkt, daß wir mehr darauf bedacht sind, Gott zu gefallen als den Menschen.
Gott schaut uns an; er ist unser „Richter". Dies dürfen wir nicht falsch verstehen: Denn der Herr ist keiner, der mit strengem Blick nur darauf wartet, uns bei einem Fehler zu ertappen. Im Gegenteil: Gott ist unser Vater, der jeden von uns kennt. Er liebt dich wie niemand sonst und möchte für dich nur, was wirklich gut für dich ist.
Für uns ist es das beste, zu handeln, wie es ihm gefällt. Darin finden wir Freude und Trost, auch wenn es uns im Augenblick etwas kostet. Gottesfurcht ist die Haltung eines Kindes, das voller Liebe und Achtung eigentlich nur eines fürchtet: dem Herzen des Vaters zu mißfallen.

Die Gabe der Stärke

Alltagsszenen

Ich hab's aufgegeben ...

„Irgendwann war es mir einfach zu dumm, auf den Arm genommen zu werden, weil ich sonntags zur Messe gehe, ausgelacht zu werden, weil ich mich für ‚dieses fromme Zeug' interessiere. Schließlich wollte ich nicht auch noch meinen besten Freund verlieren, und ich hatte auch keine Lust mehr, immer irgendeinen Vorwand zu suchen ...

Meine Eltern haben meine Entscheidung nicht verdaut. Sie haben ja immer etwas an mir auszusetzen: wie ich mich anziehe, wie ich so rede; meine Frisur paßt ihnen nicht, und auch nicht, daß ich oft spät heimkomme; mit meinen Noten sind sie nicht zufrieden ... Völlig unrecht haben sie vielleicht nicht; aber in meiner Clique muß ich mich halt auch anpassen. Da machen sie sich sowieso oft genug über mich lustig, weil ich mir zu viele Probleme mache oder darauf achte, pünktlich wegzugehen. Okay, immerhin ist es besser, mal auf den Arm genommen zu werden, als eine Null zu sein und gar keinen Standpunkt zu haben.

Aber richtig zufrieden bin ich eigentlich nicht, und es macht auch keinen Spaß, wenn wir stundenlang über belanglose Dinge reden ... Aber was wäre, wenn ich nicht mitmachen würde?"

* * *

Bloß keinen Ärger

„ ‚Ja, die Wohnung steht leer. Aber im Augenblick haben wir nicht vor, sie zu verkaufen oder zu vermieten.' So unsere Antwort, als das junge Paar wegen der Wohnung anfragte. Sie wirkten ziemlich zermürbt von der Sucherei; jemand hatte sie an uns verwiesen, und offenbar hatten sie sich Hoffnungen gemacht.

Mein Mann hat wohl recht, wenn er sagt, daß es nicht gut wäre, jetzt jemand in die Wohnung zu lassen; man weiß ja nicht, was kommt. Es ist immer gut, eine Wohnung in Mailand zu haben ... Er hat gut kalkuliert; bei den derzeitigen Immobilienpreisen wäre es nicht ratsam, jetzt zu verkaufen.

Manchmal kommt mir allerdings doch ein Zweifel, ob es nicht besser wäre, die Wohnung zur Verfügung zu stellen. Doch sobald ich auch nur eine Andeutung in diese Richtung mache, regt sich mein Mann auf. Da bin ich doch lieber still!"

* * *

Hauptsache, sie gibt endlich Ruhe!

„ ‚Wenn sie unbedingt einen Fernseher im Zimmer will, soll sie ihn haben. Ich bin dieses Gejammer langsam leid!' Das war der Schlußpunkt wochenlanger Diskussionen, genauer: Auseinandersetzungen. Denn nicht Argumente, sondern spitze Bemerkungen und entsprechende Kommentare, lange Gesichter und feindseliges Schweigen waren die Kampfmittel. ‚Immer wenn ich mir was ansehen will, sitzt ein anderer vor der Kiste ... Bei meinen Freundinnen kann ich überhaupt nicht mehr mitreden ... Hattet ihr nicht versprochen, ich dürfte mir zum Geburtstag etwas wünschen?' Jeden Tag die gleiche Leier ...

Vor unserer Hochzeit hatten meine Frau und ich uns vorgenommen, überhaupt keinen Fernseher anzuschaffen. Es sollte uns nicht so gehen wie den Eltern, die stundenlang vor der Röhre sitzen. Und bald haben wir drei ...

Ich weiß sehr wohl, daß es unserer Tochter nicht gut tut, wenn sie einen eigenen Apparat im Zimmer hat. Sie schaut sich alles mögliche an ... Aber irgendwann hat meine Geduld ein Ende! Und wenn ich müde nach Hause komme, und es läuft gerade eine Fußballübertragung ... – jeder versteht, daß ich einmal ausspannen muß. Soll sie doch ihren Fernseher haben; wenn nur endlich Schluß mit diesem Gezeter ist!"

Zur Reflexion

Mit Euch und für Euch bitte ich den Heiligen Geist, daß er Euch die Gabe der Stärke schenkt.

Die Gabe der Stärke bewirkt, daß jemand mit gesundem Selbstbewußtsein zu sich selbst steht, zu seiner eigenen, unverwechselbaren Art. Sie gibt Kraft, Protagonisten zu werden, Menschen, die selbst etwas bewegen.

* * *

Der verunsicherte, schüchterne Jugendliche merkt irgendwann, wie faszinierend es ist, ohne Komplexe zu leben, nicht immer mit der Herde mitzulaufen, die ständige Sorge abzulegen, er könne zum Außenseiter werden. Wenn er sich treu bleibt, wird er womöglich neue Freunde finden. Und wenn er auf Jesus blickt, dem unsere Einsamkeiten vertraut sind, der außerhalb der Stadtmauern von allen verlassen am Kreuz stirbt, kann er eine nie gekannte innere Freude erfahren.

Man sagt, es sei schwierig und wohl auch die Ausnahme, daß jemand, der bloßer Mitläufer in einer Gruppe war, seinen Platz in einer echten Gemeinschaft findet. Die Gabe der Stärke hilft, geduldig seinen eigenen Weg zu suchen. Am Anfang steht die Aufrichtigkeit, die Ehrlichkeit, der Wille, sich und anderen nichts mehr vorzumachen, der Entschluß, keinen Vorwand zu suchen, um offenkundig Verkehrtes zu rechtfertigen. Wer so weit ist, kann schon erfahren, daß der Herr ihn ermutigt und stärkt. Ein weiterer Schritt kann die Übernahme von Verantwortung sein, eine Aufgabe, die einem entspricht, womöglich das Engagement für eine gute Sache, die gerade nicht „in" ist.

Wer sich auf einen solchen Weg macht, wird erleben, wie überreich Gott ihn beschenkt. In ihm findet er eine Quelle frischen Wassers: Er entdeckt Kräfte in sich, die er nie vermutet hätte; er wird Freunde finden, auf die er bauen kann. Und ich denke, daß ein solcher Mensch auf Dauer auch die Wertschätzung vieler anderer erfahren wird.

* * *

Die Gabe der Stärke befreit; sie läßt uns Widerstände gegen das Gute als Chance begreifen, eine wertvolle Erfahrung zu machen. Der Heilige Geist formt Frauen und Männer, die sich nicht vor Mühen scheuen; Menschen, die nicht jammern, daß alles so kompliziert ist, sondern wissen, über welche Möglichkeiten sie verfügen – Möglichkeiten, die sie als Gnade und zugleich als Verantwortung empfinden.

Sie ertragen es nicht, daß Wohnungen leer stehen; sie finden es deprimierend, daß so viel Land brach liegt, daß Gebäude verkommen und Bauruinen in der Landschaft stehen. Sie wollen etwas tun; mit der Mentalität des Alles-Laufen-Lassens, mit der weitverbreiteten Trägheit können sie sich einfach nicht abfinden.

Wenn man einen solchen Menschen um einen Gefallen bittet, hilft er gern und unverzüglich: Am nächsten Tag schon ruft er an, um zu sagen, daß er eine Lösung gefunden hat ... Oder er sagt, er hätte an dich gedacht und gleich einen kompetenten Bekannten zu Rate gezogen ...

* * *

Der Heilige Geist formt Frauen und Männer voller erzieherischer Weisheit; Menschen, die sich nicht von Launen bestimmen lassen und nicht aus Frustration oder Verbitterung ihre Entscheidungen treffen. Sie hören geduldig zu, um zu verstehen, und geben sich Mühe, damit andere sie verstehen.

Schon bevor die Kinder etwas sagen, werden sie selbst merken, ob ihr Anliegen bei den Eltern ankommt. Die Kinder spüren, wenn sie sich etwas in den Kopf gesetzt haben, was nicht angeht, und sie wissen, daß es nichts nützt, ein langes Gesicht zu machen oder sich zu ereifern. Gewiß wird es ihnen nicht leicht fallen, das anzuerkennen, doch im Grunde wissen sie: Da haben die Eltern recht. Die schlechte Laune wird schon wieder vergehen ...

Es gibt Entwicklungsphasen, die für alle schwierig sind. Doch auf eine unerschöpfliche Quelle, die Kraft und Licht schenkt, können christliche Eltern immer vertrauen: auf das Gebet.

Zur Vertiefung (vgl. S. 46f)
Im Sinne Gottes stark sein heißt: im Glauben treu bleiben, ohne sich von gängigen Meinungen, von einem modischen Egoismus, von Opportunismus und Erfolgskalkül irreführen zu lassen. Die Stärke ist die Haltung eines Menschen, der fest in der Liebe und im Gehorsam gegenüber dem Herrn steht. Für den Herrn erträgt er auch Prüfungen und Enttäuschungen, ohne den manchmal dunklen und schmerzlichen Weg der Nachfolge aufzugeben ...
Der Jünger Christi, der die Gabe der Stärke angenommen hat und pflegt, gibt nichts auf schmeichelhafte Worte und läßt sich auch durch Drohungen nicht einschüchtern.

Die Gabe der Frömmigkeit

Alltagsszenen

Er hat das Beten drangegeben
„Wir brauchen uns nichts mehr vorzumachen: Unser Sohn betet nicht mehr. Als er klein war, war er so eifrig dabei, wenn wir gebetet haben ... Oft ist er völlig aufgedreht oder zerstreut, ständig läuft Musik; er ist viel mit seinen Freunden unterwegs, und wenn er spät nach Hause kommt, wirkt er todmüde und leer. Wenn wir in der Familie gemeinsam beten, ist er mit den Gedanken ganz woanders. Er hat das Beten drangegeben."

* * *

Dazu fehlt mir die Phantasie ...
„Meine Frau ist eine ganz fromme: Sie geht zur Kirche, wann immer sie kann; sie betet viel in den verschiedensten Anliegen, und ich weiß, wie sehr sie darunter leidet, daß ich mit all dem nichts anfangen kann. Es tut mir leid für sie, aber mir sagt das halt nichts. Ich gehe ihr zur Hand, wo ich kann; ich fahre sie gern zu ihren Veranstaltungen und helfe auch sonst bereitwillig mit, wenn jemand mich braucht ... Aber mich hinsetzen und beten, mir irgendwelche Worte ausdenken, die ich weiß Gott zu wem sagen soll ...: Dazu fehlt mir die Phantasie! Damit man mich recht versteht: Ich will niemand kritisieren und habe gegen keinen etwas! Aber zur Kirche habe ich einfach keinen Bezug ..."

* * *

Dann dieser Schicksalsschlag

„Wir haben es nie leicht gehabt. Schon die ersten Jahre nach der Hochzeit waren hart: Unsere finanziellen Mittel waren so knapp, daß wir bei den Schwiegereltern wohnen mußten. Die haben sich in alles eingemischt, hatten zu allem etwas zu sagen, besonders als dann die Kinder kamen ... Gott sei Dank waren alle gesund!

Eigentlich sind wir immer fest im Glauben verankert gewesen. Doch dann dieser Schicksalsschlag ... Die Ärzte gaben unserem jüngsten Kind kaum Chancen. Seither ist alles anders geworden. Meine Frau ist wie versteinert; sie tut alles wie bisher, aber ihre Augen sind wie tot – da ist nichts mehr von der Freude, die sie sonst ausgestrahlt hat. Worüber wir auch sprechen, für sie ist alles in ein dunkles Grau getaucht ... Sie kann nicht mehr lachen, sie kann nicht mehr weinen, sie hat keine Träume mehr und auch keine Kraft zum Beten. Seit langem hadert sie mit Gott: Wie konnte er das nur zulassen?"

Zur Reflexion

Mit Euch und für Euch bitte ich den Heiligen Geist, daß er Euch die Gabe der Frömmigkeit schenkt.

Wie die Gabe der Frömmigkeit einem Menschen geschenkt wird, ist ein Geheimnis. Der Geist Gottes findet seine immer neuen Wege, um im Herzen der Menschen Wohnung zu nehmen.

* * *

Vielleicht wird der Junge, der das Beten drangegeben hat, eines Tages bei einem mehr zufälligen Besuch einer Kirche innerlich wieder von Gott angerührt ...

Vielleicht erinnert er sich in einer bestimmten Situation wieder an die Worte des Gebets, das er in jungen Jahren gelernt hat, und beginnt zu sprechen: „Vater unser im Himmel ..."

* * *

Vielleicht wird der gute, ehrliche Mann, der ganz in seinen tagtäglichen Beschäftigungen aufgeht und nie einen Bezug zur Transzendenz gefunden hat, doch einmal spüren, daß es mehr gibt als die flüchtigen, vergänglichen Dinge dieser Welt.

Vielleicht verspürt auch er einmal die Sehnsucht nach Gott.

Vielleicht überkommt ihn beim Hören eines tiefen Liedes oder beim Anblick eines Kruzifixes eine Ahnung des Göttlichen. Und vielleicht wird er dann ausrufen: „Geheiligt werde dein Name ..."

* * *

Vielleicht ist es der Gedanke an jene andere Mutter, die um ihren Sohn geweint hat, bei dem die versteinerte Mutter Trost und neue Lebenskraft gewinnt. Und vielleicht hilft ihr der Blick auf Maria unter dem Kreuz, eines Tages zu sagen: „Dein Wille geschehe ..." – nicht aus Resignation vor einem unverständlichen Gott, der Unheil schickt, sondern in neuer Hoffnung, im Vertrauen auf den einen, wahren, heiligen Gott, der Leben schenkt, der seinen Sohn auferweckt hat und der auch dieser Mutter und ihrem kranken Kind Trost und Hoffnung schenken will.

Zur Vertiefung (vgl. S. 49f)

Die Frömmigkeit richtet das Herz und das ganze Leben auf die Anbetung Gottes aus. Sie schenkt ihm Verehrung und erkennt ihn als Quelle und Ziel aller Gaben an. Frömmigkeit ist tiefes Empfinden für Gott, Verliebtsein in ihn. Sie weckt den Wunsch, alles zu seiner Ehre zu tun. Gott hat uns seine übergroße, barmherzige Liebe geschenkt, und er möchte, daß wir mit Liebe darauf antworten. Die Gabe der Frömmigkeit bewirkt, daß wir nicht nur seine Tröstungen suchen, sondern mit ihm leben, uns mit ihm freuen und mit ihm leiden unter der Sünde der Welt.

Die Gabe der Weisheit

Alltagsszenen

Wie ist das möglich?
Vor ein paar Tagen hast du deinen Mann angefahren: „Du verstehst überhaupt nichts!"

Wie konnte es dazu kommen, daß der Mensch, für den du so viel empfunden hast, den du geliebt hast, der dir so wichtig geworden ist, an den du dich für ein ganzes Leben gebunden hast, jetzt einen solchen Vorwurf verdient (natürlich hat er es verdient, nicht wahr?) ...

Mit den Jahren hast du dich immer einsamer gefühlt: Es scheint unmöglich geworden, ihm zu sagen, was dich bewegt. Es wäre eine naive Illusion zu erwarten, daß er merkt, was du dir wünschst, wann du ein Zeichen der Zuneigung bräuchtest. Über wirklich wichtige Dinge kann man offenbar nicht mehr mit ihm reden. Es verletzt dich, daß er nicht einmal merkt, wie weh dir seine Oberflächlichkeit und sein überlegenes Gehabe im Umgang mit dir tut: Manchmal scheinst du ihm einfach nur leid zu tun; wenn du etwas sagst, hört er zerstreut zu; er will nichts dazu lernen. Und während du noch sprichst, blickt er schon auf die Uhr und ist mit seinen Gedanken wieder anderswo ...

Wie ist das nur möglich, daß er überhaupt nichts begreift?

* * *

Meine Eltern verstehen mich nicht mehr
Du hast es mir gesagt wie jemand, der eine schwere Last loswerden möchte, die er nicht mehr tragen kann: „Meine Eltern verstehen mich nicht mehr!"

Ich weiß noch gut, wie du als kleiner Junge stolz auf deinen Papa warst, der immer die richtige Antwort wußte. Voller Begeisterung hast du deinen Freunden die Trophäen gezeigt, die er in seiner eigenen Jugend gewonnen hatte. Und ich erinnere mich, wie du zu deiner Mutter gelaufen bist, um ihr zu zeigen, was du gemalt hast, wie du auf ihre Anerkennung gewartet und dich über ihr Lob gefreut hast ...

Heute reagieren sie auf alles, worum du bittest, unwirsch. Sie sehen überall mögliche Gefahren, wittern hinter allem böse Absichten ... Deine Telefongespräche dauern zu lange, für die Schule könntest du mehr tun, sie wollen wissen, mit wem du zusammen bist ... Kurzum: Es hat den Anschein, daß keine Verständigung mehr möglich ist. Deine Eltern und du, ihr lebt in verschiedenen Welten ...

* * *

Schwieriges Rentnerdasein
„Seit ich unerwartet in Frührente gehen mußte, weiß ich nicht, was ich die ganze Zeit tun soll. Früher war jeder Tag ausgefüllt. Oft ging es so hektisch zu, daß ich mir sehnlichst mehr Freizeit wünschte, um endlich meinen Lieblingsbeschäftigungen nachgehen zu können. Jetzt habe ich Zeit in Fülle – und hänge untätig herum, kann mich zu nichts aufraffen und bin oft gereizt. Ich verstehe mich selbst nicht. Ich will nicht prah-

len, aber die Arbeit habe ich gut gemacht, ich fand mich blind zurecht, genoß das Ansehen der jungen Mitarbeiter. Sie kamen immer zu mir, wenn sie eine Frage hatten. Doch nun bringe ich nichts zu Ende und entwickle mich langsam zum Nörgler. Am Abend kommt mir manchmal der Gedanke, daß ich eigentlich zu nichts mehr nützlich bin ..."

Zur Reflexion

Mit Euch und für Euch bitte ich den Heiligen Geist, daß er Euch die Gabe der Weisheit schenkt.

Die Gabe der Weisheit ist wie ein Licht, das uns auch Altbekanntes und Vertrautes in ganz neuer Weise sehen läßt. Sie öffnet uns die Augen; wir stellen z. B. staunend fest, wieviel uns geschenkt ist: die Familie, der Partner, die Kinder, die Wohnung – so vieles, was wir sonst als Selbstverständlichkeit angesehen und gar nicht mehr wahrgenommen haben.

* * *

Die Weisheit ist eine Gabe, die uns Geschmack finden läßt an allem, was echt und wahr ist; sie zeigt uns, wie wertvoll die Menschen sind, die an unserer Seite stehen, wieviel Gutes auch in uns selbst ist. Sie läßt uns erkennen, welche Schritte wir zu tun haben, und auch, wo der Grund unserer Hoffnung liegt.

Die Weisheit weckt Reue für die vertanen Gelegenheiten, für ein falsches Wort, für Unterlassungen, für alles, wodurch wir gerade die am meisten geliebten Menschen verletzt haben. Und sie drängt uns, um Verzeihung zu bitten und Wege zu finden, den anderen wieder Freude zu schenken.

* * *

Die Weisheit ist wie ein erfahrener, reifer Mensch, der dir gütig zulächelt, wenn du dich wegen einer Bagatelle ereifern willst. Du beginnst zu überlegen, ob es sich für dieses und jenes, das dich aufgeregt hat, lohnt, viel Aufhebens zu machen. Die Weisheit läßt dich eine Sache auch aus der Warte des anderen sehen, etwa aus der Perspektive des Partners, der Kinder, der Eltern ... Du verstehst: So ganz unrecht hat er doch nicht; vielleicht würde ich an seiner Stelle genauso handeln ...

* * *

Die Gabe der Weisheit kommt bisweilen wie eine neue Berufung, wie ein Ruf, neue Wege zu gehen:

Du kommst dir nutzlos und überflüssig vor, von allen vergessen – und dann ruft dich jemand an und bittet dich um Hilfe. Du übernimmst eine Aufgabe, findest Freude daran, bringst wieder Ordnung in deinen Tagesplan. Die Weisheit bewegt dich zu lieben, und das Leben gewinnt wieder Geschmack ...

Zur Vertiefung (vgl. S. 51)
Die Weisheit ist jene Gabe, die uns alles so, wie es in Wahrheit ist, im Licht der Liebe beurteilen läßt: im Licht jener Liebe, mit der Christus uns geliebt hat – bis zum Tod am Kreuz. Weise ist, wer auf der Grundlage der Liebe urteilt und weiß, daß der letzte Sinn einer Begebenheit sich oftmals nur einem liebenden Herzen erschließt. Weise ist, wer sich von Gott lieben läßt und sich bewußt ist, daß im Schoß der ewigen Liebe Gottes die stille, letzte Antwort auf viele Fragen verborgen ist, die unserem Verstand unbeantwortbar erscheinen. Weise ist, wer nicht nur durch Vernunftgründe überzeugen will, sondern weiß, daß sich die Wahrheit – wiewohl unter Zuhilfenahme der Vernunft – vor allem durch die Liebe ausbreitet.

Ein Wort zum Schluß ...

Wenn man beginnt, aus dem Leben zu erzählen, möchte man nicht mehr aufhören: Wie viele große Dinge wirkt der Heilige Geist in denen, die offen sind für seine Gaben!

Meinen Brief aber muß ich nun beenden; doch nicht ohne Euch einzuladen, der Erzählung vom Wirken des Geistes viele weitere Seiten hinzuzufügen ... Wenn Ihr die Zeit findet, lest noch einmal nach, verweilt ein wenig im Gebet. Vielleicht regen Euch die Beispiele, die ich aus dem Alltag gegriffen habe, dazu an, nach ähnlichen Spuren in Eurem eigenen Leben zu suchen. Vielleicht wecken sie neue Fragen, vielleicht kommen Euch Situationen in den Sinn, die auf die Gaben des Heiligen Geistes warten, damit auch sie zu „heiligen Erzählungen" werden ...

Carlo Maria Kardinal Martini

Inhalt